ⓠ 왜 공부력을 키워야 할까요?

쓰기력

정확한 의사소통의 기본기이며 논리의 바탕

연필을 잡고 종이에 쓰는 것을 괴로워한다!
맞춤법을 몰라 정확한 쓰기를 못한다!
말은 잘하지만 조리 있게 쓰는 것이 어렵다!
그래서 글쓰기의 기본 규칙을 정확히 알고
써야 공부 능력이 향상됩니다.

어휘력

교과 내용 이해와 독해력의 기본 바탕

어휘를 몰라서 수학 문제를 못 푼다!
어휘를 몰라서 사회, 과학 내용 이해가 안 된다!
어휘를 몰라서 수업 내용을 따라가기 어렵다!
그래서 교과 내용 이해의 기본 바탕을
다지기 위해 어휘 학습을 해야 합니다.

독해력

모든 교과 실력 향상의 기본 바탕

글을 읽었지만 무슨 내용인지 모른다!
글을 읽고 이해하는 데 시간이 오래 걸린다!
읽어서 이해하는 공부 방식을 거부하려고 한다!
그래서 통합적 사고력의 바탕인 독해 공부로
교과 실력 향상의 기본기를 닦아야 합니다.

계산력

초등 수학의 핵심이자 기본 바탕

계산 과정의 실수가 잦다!
계산을 하긴 하는데 시간이 오래 걸린다!
계산은 하는데 계산 개념을 정확히 모른다!
그래서 계산 개념을 익히고 속도와 정확성을
높이기 위한 훈련을 통해 계산력을 키워야 합니다.

세상이 변해도
배움의 즐거움은
변함없도록

시대는 빠르게 변해도
배움의 즐거움은
변함없어야 하기에

어제의 비상은
남다른 교재부터
결이 다른 콘텐츠
전에 없던 교육 플랫폼까지

변함없는 혁신으로
교육 문화 환경의 새로운 전형을
실현해왔습니다.

비상은 오늘, 다시 한번
새로운 교육 문화 환경을 실현하기 위한
또 하나의 혁신을 시작합니다.

오늘의 내가 어제의 나를 초월하고
오늘의 교육이 어제의 교육을 초월하여
배움의 즐거움을 지속하는 혁신,

바로, 메타인지학습을.

상상을 실현하는 교육 문화 기업 비상

메타인지학습
초월을 뜻하는 meta와 생각을 뜻하는 인지가 결합된 메타인지는
자신이 알고 모르는 것을 스스로 구분하고 학습계획을 세우도록 하는
궁극의 학습 능력입니다. 비상의 메타인지학습은 메타인지를 키워주어
공부를 100% 내 것으로 만들도록 합니다.

완자

공부력

초등 국어
맞춤법 바로 쓰기 1B

단계별 구성

📖 1A와 1B에서는 소리와 글자가 다른 낱말을 익혀요!

1A	1B
1. 받침이 뒤로 넘어가서 소리 나는 말 ㄱ~ㅆ 받침이 있는 낱말	**1. 닮은 소리가 나는 말** [ㄴ], [ㄹ], [ㅁ], [ㅇ]으로 소리 나는 낱말
2. 받침이 한 소리로 나는 말 [ㄱ], [ㄷ], [ㅂ]으로 소리 나는 받침이 있는 낱말	**2. 글자와 다르게 소리 나는 말** 거센소리가 나는 낱말, 뒷말이 [ㅈ], [ㅊ]으로 소리 나는 낱말, [ㄴ]이나 [ㄹ] 소리가 덧나는 낱말, 사이시옷이 있는 낱말
3. 된소리가 나는 말 된소리 [ㄲ], [ㄸ], [ㅃ], [ㅆ], [ㅉ]으로 소리 나는 낱말	**3. 자주 틀리는 겹받침이 쓰인 말** ㄳ, ㄵ, ㅄ, ㄼ, ㄺ, ㄶ, ㅀ 등 겹받침이 있는 낱말
4. 어려운 모음자가 쓰인 말 ㅐ, ㅔ, ㅒ, ㅖ, ㅘ, ㅝ가 들어간 낱말	**4. 어려운 모음자가 쓰인 말** ㅢ, ㅚ, ㅟ, ㅙ, ㅞ가 들어간 낱말

초등 기초 맞춤법 원리와 헷갈리는 낱말을 배우고,
문장 쓰기와 받아쓰기를 하며 쓰기 실력을 키워요!

2A와 2B에서는 헷갈리는 낱말과 자주 잘못 쓰는 낱말을 익혀요!

2A

1. 소리는 같아도 뜻이 다른 말
'같다 | 갖다'부터 '바치다 | 받히다'까지
같은 소리가 나지만 뜻이 다른 20개 낱말

2. 모양이 비슷해서 헷갈리는 말
'굿다 | 긁다'부터 '부시다 | 부수다'까지
글자의 모양이 비슷한 20개 낱말

3. 뜻을 구별해서 써야 하는 말
'가르치다 | 가리키다'부터
'-장이 | -쟁이'까지
뜻을 구별하기 어려운 12개 낱말

4. 잘못 쓰기 쉬운 말
'설거지, 며칠'부터 '기다란, 나는'까지
맞춤법을 모르면 틀리기 쉬운 12개 낱말

2B

1. 소리는 같아도 뜻이 다른 말
'반드시 | 반듯이'부터 '짓다 | 짖다'까지
같은 소리가 나지만 뜻이 다른 20개 낱말

2. 모양이 비슷해서 헷갈리는 말
'세다 | 새다'부터 '되-돼 | 뵈-봬'까지
글자의 모양이 비슷한 22개 낱말

3. 뜻을 구별해서 써야 하는 말
'여위다 | 여의다'부터 '이따가 | 있다가'까지
뜻을 구별하기 어려운 12개 낱말

4. 잘못 쓰기 쉬운 말
'담가, 잠가'부터 '안, 않-'까지
맞춤법을 모르면 틀리기 쉬운 12개 낱말

특징과 활용법

✳ 그림과 낱말을
보며 맞춤법 원리를
배우고, 확인 문제를
풀며 익혀요.

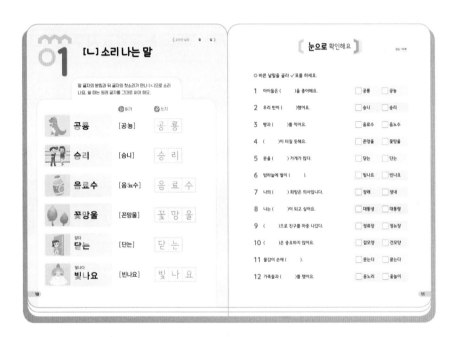

✳ 배운 맞춤법
원리대로 문장을
직접 써 보며 쓰기
실력을 키워요.

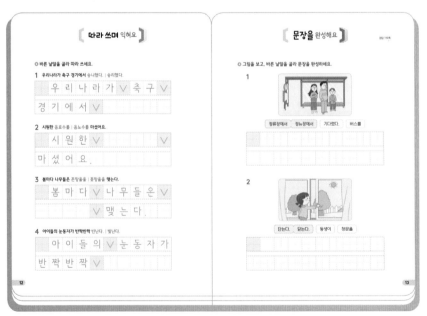

◆ 책으로 하루 4쪽 공부하며, 초등 쓰기력을 키워요!

◆ 모바일앱으로 공부한 내용을 복습하고 몬스터를 잡아요!

공부한 내용 확인하기

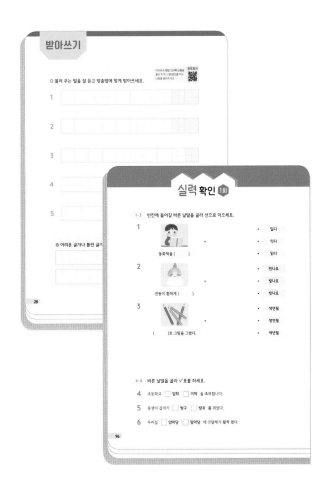

※ 단원 평가 문제, 받아쓰기 문제,
실력 확인 문제를 풀며 공부한 내용과
자기의 실력을 확인해요. 💡

모바일앱으로 복습하기

앱 다운받기

책 인증하기

※ 그날 배운 내용을 바로바로,
또는 주말에 모아서 복습하고,
다이아몬드 획득까지! 💎
공부가 저절로 즐거워져요!

차례

우리도 하루 4쪽 공부 습관!
스스로 공부하는 힘을
키워 볼까요?

큰 습관이
지금은 그 친구를 이끌고 있어요.
매일매일의 좋은 습관은 우리를 좋은
곳으로 이끌어 줄 거예요.

한 친구가
작은 습관을 만들었어요.

매일매일의 시간이 흘러
작은 습관은 큰 습관이 되었어요.

1 닦은 소리가 나요

닦은 소리가 나요

[ㄴ] 소리 나는 말

앞 글자의 받침과 뒤 글자의 첫소리가 만나 [ㄴ]으로 소리
나요. 쓸 때는 원래 글자를 그대로 써야 해요.

		읽기	쓰기
	**공룡**	[공ː뇽]	공 룡
	**승리**	[승니]	승 리
	**음료수**	[음ː뇨수]	음 료 수
	**꽃망울**	[꼰망울]	꽃 망 울
	닫다 **닫는**	[단는]	닫 는
	빛나다 **빛나요**	[빈나요]	빛 나 요

◎ 바른 낱말을 골라 ✓표를 하세요.

1 아이들은 (   )을 좋아해요.   ☐ 공룡   ☐ 공늉

2 우리 반이 (   )했어요.   ☐ 승니   ☐ 승리

3 빵과 (   )를 먹어요.   ☐ 음료수   ☐ 음뇨수

4 (   )이 터질 듯해요.   ☐ 꼰망울   ☐ 꽃망울

5 문을 (   ) 가게가 많다.   ☐ 닫는   ☐ 단는

6 밤하늘에 별이 (   ).   ☐ 빛나요   ☐ 빈나요

7 나의 (   ) 희망은 의사입니다.   ☐ 장래   ☐ 장내

8 나는 (   )이 되고 싶어요.   ☐ 대통녕   ☐ 대통령

9 (   )으로 친구를 마중 나갔다.   ☐ 정류장   ☐ 정뉴장

10 (   )은 중요하지 않아요.   ☐ 겉모양   ☐ 건모양

11 물감이 손에 (   ).   ☐ 문는다   ☐ 묻는다

12 가족들과 (   )를 했어요.   ☐ 윤노리   ☐ 윷놀이

◉ 바른 낱말을 골라 따라 쓰세요.

1 우리나라가 축구 경기에서 승니했다. | 승리했다.

	우	리	나	라	가	∨	축	구	∨
경	기	에	서	∨					

2 시원한 음료수를 | 음뇨수를 마셨어요.

	시	원	한	∨					∨
마	셨	어	요	.					

3 봄마다 나무들은 꼰망울을 | 꽃망울을 맺는다.

	봄	마	다	∨	나	무	들	은	∨
				∨	맺	는	다	.	

4 아이들의 눈동자가 반짝반짝 빈난다. | 빛난다.

	아	이	들	의	∨	눈	동	자	가
반	짝	반	짝	∨					

【 문장을 완성해요 】

◎ 그림을 보고, 바른 낱말을 골라 문장을 완성하세요.

1

정류장에서   정뉴장에서   기다렸다.   버스를

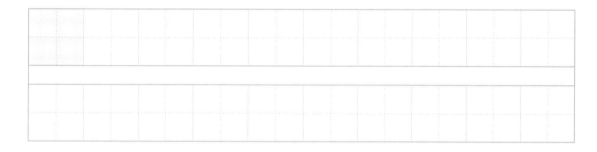

2

단는다.   닫는다.   동생이   창문을

02 [ㄹ] 소리 나는 말

'ㄴ'이 'ㄹ'의 앞이나 뒤에 오면 [ㄹ]로 소리 나는 경우가 있어요. 쓸 때는 원래 글자를 그대로 써야 해요.

	🔊 읽기	✏️ 쓰기

 **난로** [날ː로] 난 로

 **한라산** [할ː라산] 한 라 산

 편리하다 **편리한** [펼리한] 편 리 한

 **달님** [달림] 달 님

 **설날** [설ː랄] 설 날

 **실내화** [실래화] 실 내 화

○ 바른 낱말을 골라 ✓표를 하세요.

1 (   )에 불을 피워요.
☐ 난로   ☐ 날로

2 (   ) 꼭대기에 올랐다.
☐ 한라산   ☐ 할라산

3 스마트폰은 (   ) 도구이다.
☐ 펼리한   ☐ 편리한

4 둥근 (   )이 떴습니다.
☐ 달님   ☐ 달림

5 (   )에는 큰집에 가요.
☐ 설랄   ☐ 설날

6 학교에서는 (   )를 신어요.
☐ 실래화   ☐ 실내화

7 (   )를 잘하자.
☐ 분리수거   ☐ 불리수거

8 색깔별로 (   ) 보아요.
☐ 분류해   ☐ 불류해

9 (   )이 금도끼를 주었다.
☐ 산실령   ☐ 산신령

10 (   )에 가는 꿈을 꾸었다.
☐ 별나라   ☐ 별라라

11 친구들과 (   )를 했어요.
☐ 물로리   ☐ 물놀이

12 (   )에 손을 베였다.
☐ 칼랄   ☐ 칼날

따라 쓰며 익혀요

○ 바른 낱말을 골라 따라 쓰세요.

1 아이는 달님에게 | 달림에게 기도했다.

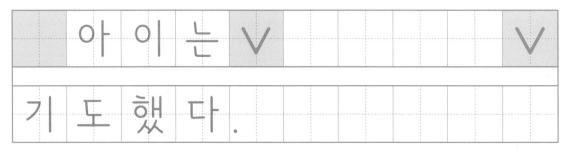

	아	이	는	∨							∨
기	도	했	다	.							

2 실내화 | 실래화 가방을 잃어버렸어요.

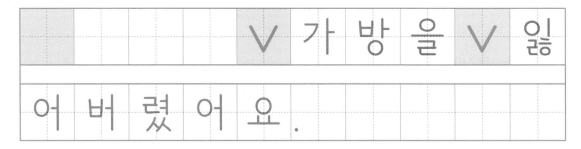

				∨	가	방	을	∨	잃
어	버	렸	어	요	.				

3 할라산 | 한라산 꼭대기에 백록담이 있어요.

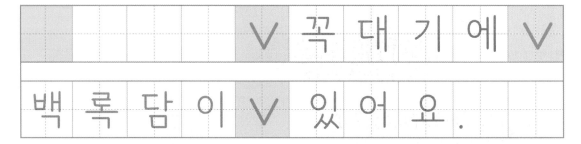

				∨	꼭	대	기	에	∨
백	록	담	이	∨	있	어	요	.	

4 사람들이 난로 | 날로 앞으로 모여들었다.

	사	람	들	이	∨			∨	앞
으	로	∨	모	여	들	었	다	.	

◎ 그림을 보고, 바른 낱말을 골라 문장을 완성하세요.

1

| 별나라로 | 별라라로 | 떠나요. | 우주여행을 |

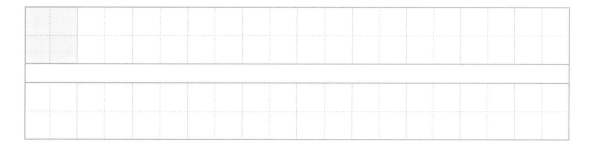

2

| 분류했다. | 불류했다. | 도형끼리 | 같은 |

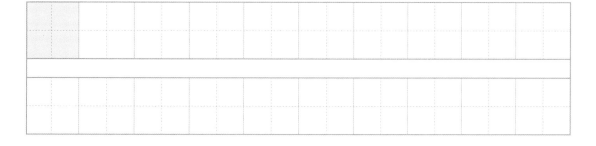

03 [ㅁ] 소리 나는 말

'ㅂ, ㅍ' 받침이 뒤에 오는 'ㄴ'이나 'ㅁ'을 만나서 [ㅁ]으로 소리 나요. 쓸 때는 원래 글자를 그대로 써야 해요.

	🔊 읽기	✏️ 쓰기
 톱날	[톰날]	톱 날
굽다  굽는다	[굼ː는다]	굽 는 다
 입맛	[임맏]	입 맛
 밥물	[밤물]	밥 물
 앞마당	[암마당]	앞 마 당
덮다  덮는	[덤는]	덮 는

눈으로 확인해요

○ 바른 낱말을 골라 ✓표를 하세요.

1 (　　　)이 날카롭습니다. □ 톱날　□ 톱날

2 형이 고기를 (　　　). □ 굽는다　□ 굽는다

3 너무 더워서 (　　　)을 잃었다. □ 입맛　□ 임맛

4 (　　　)을 알맞게 잡았어요. □ 밤물　□ 밥물

5 (　　　)에서 잔치를 열어요. □ 앞마당　□ 암마당

6 컵을 (　　　) 뚜껑을 샀다. □ 덤는　□ 덮는

7 (　　　)가 너무 길다. □ 앞머리　□ 암머리

8 어제 (　　　)가 빠졌어요. □ 앞니　□ 암니

9 호랑이가 나와도 (　　　) 않아요. □ 검나지　□ 겁나지

10 (　　　)으로 들어오세요. □ 염문　□ 옆문

11 어부가 물고기를 (　　　). □ 잡는다　□ 잠는다

12 밥은 (　　　)에 해야 맛있다. □ 암녁쏠　□ 압력솥

따라 쓰며 익혀요

○ 바른 낱말을 골라 따라 쓰세요.

1 톱나리 | 톱날이 나무에 박혔다.

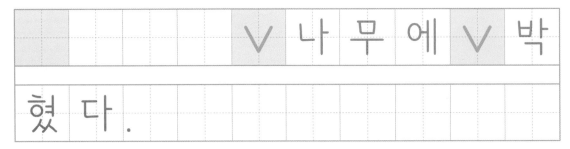

				∨	나	무	에	∨	박
혔	다	.							

2 생선을 굽는 | 굽는 냄새가 납니다.

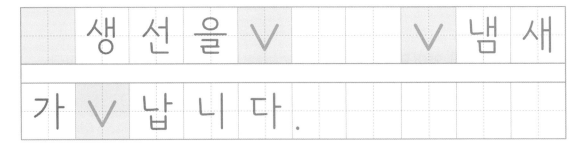

생	선	을	∨			∨	냄	새
가	∨	납	니	다	.			

3 앞마당에 | 암마당에 꽃을 심어요.

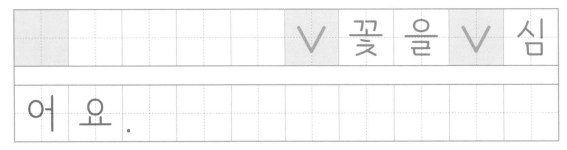

					∨	꽃	을	∨	심
어	요	.							

4 어두운 동굴에 들어가기 겁나요. | 검나요.

어	두	운	∨	동	굴	에	∨	들
어	가	기	∨					

문장을 완성해요

◎ 그림을 보고, 바른 낱말을 골라 문장을 완성하세요.

1

| 암머리를 | 앞머리를 | | 잘랐다. | | 짧게 |

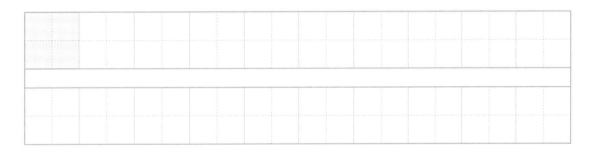

2

| 덤는다. | 덮는다. | | 이불을 | | 따뜻한 |

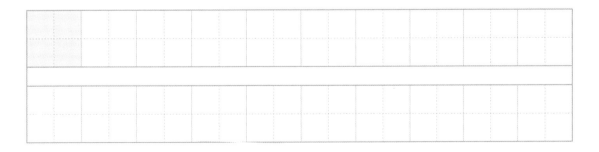

04 [ㅇ] 소리 나는 말

'ㄱ, ㅋ, ㄲ' 받침이 뒤에 오는 'ㄴ, ㅁ'을 만나서 [ㅇ]으로 소리 나요. 쓸 때는 원래 글자를 그대로 써야 해요.

	🔊 읽기	✏️ 쓰기

 **국물** [궁물]

국	물

 **막내** [망내]

막	내

 적다
적는다 [정는다]

적	는	다

 **식물** [싱물]

식	물

 **부엌문** [부엉문]

부	엌	문

 깎다
깎는다 [깡는다]

깎	는	다

눈으로 확인해요

정답 113쪽

○ 바른 낱말을 골라 ✔표를 하세요.

1 따뜻한 (　　　)을 먹어요.　　　　☐ 국물　　☐ 궁물

2 (　　　)는 여섯 살이에요.　　　　☐ 막내　　☐ 망내

3 책을 읽고 느낀 점을 (　　　).　　☐ 적는다　☐ 정는다

4 (　　　)은 햇빛을 좋아해요.　　　☐ 싱물　　☐ 식물

5 할머니께서 (　　　)을 여셨어요.　☐ 부엉문　☐ 부엌문

6 연필을 여러 개 (　　　).　　　　☐ 깡는다　☐ 깎는다

7 너는 몇 (　　　)이니?　　　　　☐ 항년　　☐ 학년

8 (　　　)들이 운동선수들을 응원해요.　☐ 국민　☐ 궁민

9 머리를 (　　　) 방법을 알려 주었다.　☐ 묶는　☐ 뭉는

10 기차가 (　　　)을 올렸다.　　　☐ 송녁　　☐ 속력

11 (　　　)이 활짝 피었어요.　　　☐ 목련　　☐ 몽년

12 (　　　)는 몸빛이 흰색이다.　　☐ 뱅노　　☐ 백로

〔 **따라 쓰며** 익혀요 〕

○ 바른 낱말을 골라 따라 쓰세요.

1 매일 일기를 적는다. | 정는다.

	매	일	∨	일	기	를	∨			

2 바람에 부엉문이 | 부엌문이 쾅 닫혔어요.

	바	람	에	∨						∨
쾅	∨	닫	혔	어	요	.				

3 초인종이 울리자 막내가 | 망내가 뛰어나갔다.

	초	인	종	이	∨	울	리	자	∨	
				∨	뛰	어	나	갔	다	.

4 기차는 빠른 속력으로 | 송녁으로 달립니다.

	기	차	는	∨	빠	른	∨			
			∨	달	립	니	다	.		

문장을 완성해요

정답 113쪽

◎ 그림을 보고, 바른 낱말을 골라 문장을 완성하세요.

1

| 백로가 | 뱅노가 | | 한다. | | 날갯짓을 |

2

| 식물에 | 싱물에 | | 주었어요. | | 물을 |

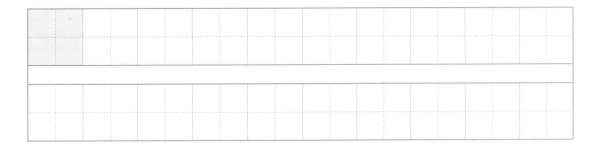

05 1단원 평가

◎ 바른 낱말을 골라 ✓표를 하세요.

1 ☐공뇽 ☐공룡 화석을 발견했다.

2 문을 ☐단는 ☐닫는 소리가 들렸다.

3 ☐승니 ☐승리 를 위해 최선을 다했다.

4 ☐달님 ☐달림 이 방긋 웃습니다.

5 ☐설날 ☐설랄 에는 떡국을 먹어요.

6 여름에는 ☐물놀이 ☐물로리 를 해요.

7 ☐압니 ☐앞니 가 부러졌어요.

8 ☐밤물 ☐밥물 을 많이 넣으면 죽이 된다.

9 연필을 ☐깎는 ☐깡는 일은 어렵다.

10 대표 팀에게 ☐국민 ☐궁민 의 관심이 쏟아졌다.

○ 밑줄 친 낱말을 바르게 고쳐 쓰세요.

11 음뇨수를 주문했어요.

12 대통녕은 국가를 대표한다.

13 개나리가 꼰망울을 터뜨렸다.

14 즉석식품은 먹기 펼리해요.

15 날로 위에 주전자를 올려놓았다.

16 암마당을 빗자루로 쓸어요.

17 빵 굽는 냄새가 좋습니다.

18 망내가 유치원에서 돌아왔다.

19 선생님 말씀을 받아 정느라 바쁘다.

20 리본으로 상자를 뭉는다.

받아쓰기

아이에게 **정답 114쪽** 내용을 불러 주거나, **QR코드**를 찍어 내용을 들려주세요.

문제 듣기

○ 불러 주는 말을 잘 듣고 맞춤법에 맞게 받아쓰세요.

1

2

3

4

5

✔ 어려운 글자나 틀린 글자를 연습해요.

6

7

8

9

10

✅ 어려운 글자나 틀린 글자를 연습해요.

2 글자와 소리가 달라요

06 거센소리 나는 말 ①

'ㅎ' 받침 뒤에 오는 'ㄱ, ㄷ, ㅈ'은 [ㅋ, ㅌ, ㅊ]처럼 거센 소리가 나요. 쓸 때는 원래 글자를 그대로 써야 해요.

	읽기	쓰기
 닿다 **닿고**	[다ː코]	닿 고
어떻게 할까?  **어떻게**	[어떠케]	어 떻 게
 사이좋다 **사이좋게**	[사이조케]	사 이 좋 게
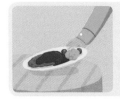 **놓다**	[노타]	놓 다
 파랗다 **파랗던**	[파ː라턴]	파 랗 던
 쌓다 **쌓지**	[싸치]	쌓 지

정답 115쪽

○ 바른 낱말을 골라 ✓표를 하세요.

1 발이 바닥에 (　　　).　　☐ 다타　☐ 닿다

2 이 창문은 (　　　) 닫니?　　☐ 어떠케　☐ 어떻게

3 우리 (　　　) 지내자.　　☐ 사이좋게　☐ 사이조케

4 식탁 위에 접시를 (　　　).　　☐ 노타　☐ 놓다

5 (　　　) 하늘이 어두워졌어요.　　☐ 파라턴　☐ 파랗던

6 높은 담을 (　　　).　　☐ 쌓지요　☐ 싸치요

7 주머니에 손을 (　　　) 걸었어요.　　☐ 넣고　☐ 너코

8 머리를 (　　　) 학교에 갔어요.　　☐ 땋고　☐ 따코

9 종이를 (　　　) 색칠했어요.　　☐ 노라케　☐ 노랗게

10 선물을 받아서 기분이 (　　　).　　☐ 좋다　☐ 조타

11 매운 음식을 (　　　) 않게 먹어요.　　☐ 아무러치　☐ 아무렇지

12 저 사람 참 멋있다. (　　　)?　　☐ 그렇지　☐ 그러치

【 따라 쓰며 익혀요 】

○ 바른 낱말을 골라 따라 쓰세요.

1 동생과 **사이좋게** | 사이조케 지내요.

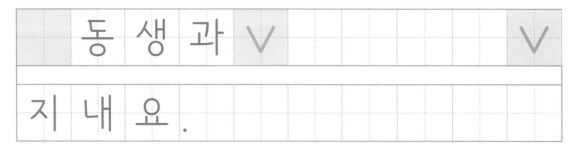

2 식탁에 물컵을 노타가 | **놓다가** 엎었어요.

3 **파랗던** | 파라턴 귤들이 노랗게 익었어요.

4 바구니에 공을 **넣지** | 너치 마세요.

문장을 완성해요

○ 그림을 보고, 바른 낱말을 골라 문장을 완성하세요.

1

어떠케   어떻게   구름은   만들어질까?

2

안 닿다.   안 다타.   손이   공책에

07 거센소리 나는 말 ②

'ㄱ, ㄷ, ㅂ, ㅈ' 받침 뒤에 오는 'ㅎ'은 [ㅋ, ㅌ, ㅍ, ㅊ]으로 소리 나요. 쓸 때는 원래 글자를 그대로 써야 해요.

읽기   쓰기

 **국화**   [구콰]   국 화

 **축하**   [추카]   축 하

 **맏형**   [마텽]   맏 형

 **급히**   [그피]   급 히

 **입학**   [이팍]   입 학

 **젖히다**   [저치다]   젖 히 다

눈으로 확인해요

○ 바른 낱말을 골라 ✔표를 하세요.

1 화단에 노란 (   )가 피었어요. ☐ 국화 ☐ 구콰

2 상을 타고 (   )를 받았다. ☐ 추카 ☐ 축하

3 (   )은 달리기를 잘해요. ☐ 맏형 ☐ 마텽

4 엄마는 (   ) 시장에 갔어요. ☐ 그피 ☐ 급히

5 나는 올해 (   )을 했어요. ☐ 이팍 ☐ 입학

6 고개를 뒤로 (   ). ☐ 젖히다 ☐ 저치다

7 나는 (   ) 어린이입니다. ☐ 차칸 ☐ 착한

8 감기에 걸려 코가 (   ). ☐ 막혔다 ☐ 마켰다

9 시원한 (   )가 맛있어요. ☐ 식혜 ☐ 시켸

10 (   ) 문제를 풀 수 있니? ☐ 곱하기 ☐ 고파기

11 강에서 물고기가 많이 (   ). ☐ 자펴요 ☐ 잡혀요

12 풀잎에 이슬이 (   ) 있습니다. ☐ 매처 ☐ 맺혀

○ 바른 낱말을 골라 따라 쓰세요.

1 누나의 생일을 추카해요. | **축하해요.**

누	나	의	∨	생	일	을	∨		

2 내 친구는 맏형이에요. | **맏텽이에요.**

내	∨	친	구	는	∨				

3 이모에게 이팍 | **입학** 선물을 받았어요.

이	모	에	게	∨			∨	선
물	을	∨	받	았	어	요	.	

4 호랑이가 사냥꾼에게 자폈어요. | **잡혔어요.**

호	랑	이	가	∨	사	냥	꾼	에
게	∨							

〔 문장을 완성해요 〕

정답 116쪽

○ 그림을 보고, 바른 낱말을 골라 문장을 완성하세요.

1

| 국화를 | 구콰를 | | 선물했어요. | | 친구에게 |

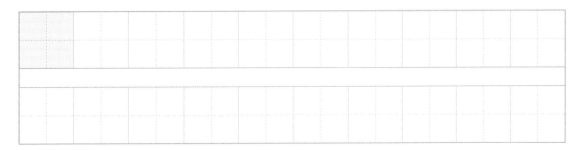

2

| 매쳐요. | 맺혀요. | | 눈에 | | 눈물이 |

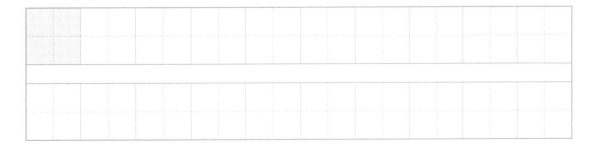

08 뒷말이 [ㅈ], [ㅊ] 소리 나는 말

'ㄷ, ㅌ' 받침이 모음 'ㅣ'를 만나면 ㄷ은 [ㅈ], 'ㅌ'은 [ㅊ]으로 소리 나요. 쓸 때는 원래 글자를 그대로 써야 해요.

[ㅈ] 소리 나는 말	🔊 읽기	✏️ 쓰기

굳이 너도 가려고?

굳이 [구지]

| 굳 | 이 |

맏이 [마지]

| 맏 | 이 |

해돋이 [해도지]

| 해 | 돋 | 이 |

| [ㅊ] 소리 나는 말 |

같이 [가치]

| 같 | 이 |

낱낱이 [난:나치]

| 낱 | 낱 | 이 |

붙이다 [부치다]

| 붙 | 이 | 다 |

○ 바른 낱말을 골라 ✔표를 하세요.

| [ㅈ] 소리 나는 말 |

1 동생은 (   ) 나를 따라왔어요.　　☐ 굳이　☐ 구지

2 나는 우리집에서 (   )입니다.　　☐ 마지　☐ 맏이

3 새벽에 산에 올라 (   )를 봤어요.　　☐ 해도지　☐ 해돋이

4 아기에게 (   )를 해 줬어요.　　☐ 턱받이　☐ 턱바지

5 들녘에서는 (   )가 한창입니다.　　☐ 가을거지　☐ 가을걷이

| [ㅊ] 소리 나는 말 |

6 너와 (   ) 걷고 싶어.　　☐ 같이　☐ 가치

7 공부한 내용을 (   ) 적었어요.　　☐ 난나치　☐ 낱낱이

8 도화지에 색종이를 (   ).　　☐ 붙이다　☐ 부치다

9 (   ) 무거워요.　　☐ 소치　☐ 솥이

10 반지를 찾으려 서랍을 (   ) 뒤졌어요.　　☐ 샅샅이　☐ 살싸치

따라 쓰며 익혀요

○ 바른 낱말을 골라 따라 쓰세요.

1 나는 **굿이 | 굳이** 가고 싶지 않아.

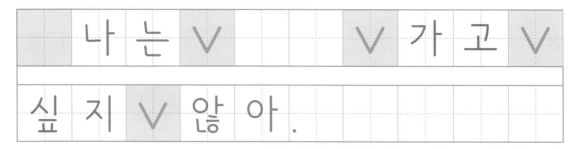

	나	는	∨			∨	가	고	∨	
싶	지	∨	않	아	.					

2 **해도지를 | 해돋이를** 보며 소원을 빌어요.

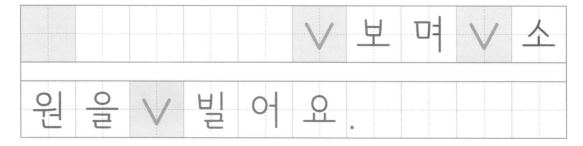

					∨	보	며	∨	소
원	을	∨	빌	어	요	.			

3 우리는 **같이 | 가치** 사진을 찍었어요.

	우	리	는	∨			∨	사	진
을	∨	찍	었	어	요	.			

4 주머니를 **샅싸치 | 샅샅이** 찾아보아요.

	주	머	니	를	∨				∨	
찾	아	보	아	요	.					

〔 문장을 완성해요 〕

◎ 그림을 보고, 바른 낱말을 골라 문장을 완성하세요.

1

| 턱받이를 | 턱바지를 | 하고 있어요. | 아기가 |

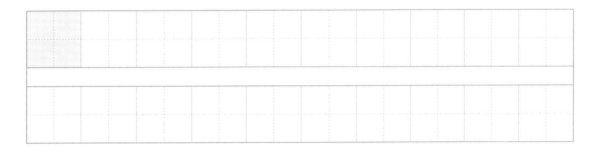

2

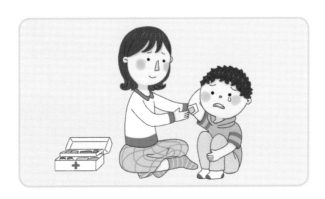

| 부치다. | 붙이다. | 반창고를 | 상처에 |

09 [ㄴ], [ㄹ] 소리가 덧나는 말

두 낱말이 합쳐져 한 낱말이 될 때, [ㄴ]이나 [ㄹ]이 더해져
소리 나기도 해요. 쓸 때는 원래 글자를 그대로 써야 해요.

	🔊 읽기	✏️ 쓰기
 담요	[담ː뇨]	담 요
한여름	[한녀름]	한 여 름
 색연필	[생년필]	색 연 필
 호박엿	[호ː방녇]	호 박 엿
 풀잎	[풀립]	풀 잎
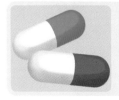 알약	[알략]	알 약

44

○ 바른 낱말을 골라 ✓표를 하세요.

1 (　　　)를 덮고 잠이 들었다.   ☐ 담요   ☐ 담뇨

2 (　　　)이라 너무 더워요.   ☐ 한여름   ☐ 한녀름

3 (　　　)로 그림을 그렸어요.   ☐ 색연필   ☐ 생년필

4 시장에서 (　　　)을 샀어요.   ☐ 호방년   ☐ 호박엿

5 (　　　)이 비에 젖었다.   ☐ 풀립   ☐ 풀잎

6 (　　　)을 꿀꺽 삼켰어요.   ☐ 알략   ☐ 알약

7 농부는 아침부터 (　　　)을 했어요.   ☐ 반닐   ☐ 밭일

8 형과 함께 (　　　)을 도와요.   ☐ 집안일   ☐ 지반닐

9 커다란 빵을 (　　　)에 먹었어요.   ☐ 한닙   ☐ 한입

10 프라이팬에 (　　　)를 둘러요.   ☐ 식용유   ☐ 시공뉴

11 놀이공원 근처에 (　　　)이 있습니다.   ☐ 지하철력   ☐ 지하철역

12 그동안 (　　　) 없었니?   ☐ 별일   ☐ 별릴

따라 쓰며 익혀요

○ 바른 낱말을 골라 따라 쓰세요.

1 한여름에 | 한녀름에 신나게 물놀이를 해요.

2 나비가 풀잎에 | 풀리페 앉아 있다.

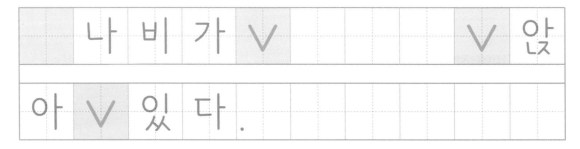

3 알략은 | 알약은 먹기가 어려워요.

					∨	먹	기	가	∨	어
려	워	요	.							

4 아빠가 고기를 한입에 | 한닙에 넣었어요.

	아	빠	가	∨	고	기	를	∨		
			∨	넣	었	어	요	.		

문장을 완성해요

정답 118쪽

○ 그림을 보고, 바른 낱말을 골라 문장을 완성하세요.

1

| 담뇨를 | 담요를 | 햇볕에 | 말렸습니다. |

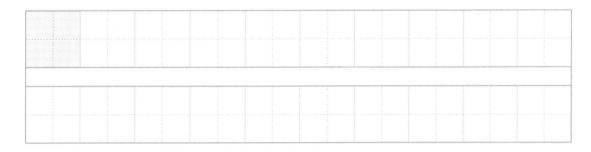

2

| 색연필로 | 생년필로 | 그려요. | 나비를 |

10 사이시옷 있는 말

두 낱말이 합쳐져 한 낱말이 될 때, 뒷말이 된소리로 나기도 해요. 이럴 때 낱말 사이에 'ㅅ' 받침을 넣어서 써야 해요.

읽기   쓰기

기 + 발
깃발

[기빨]
[긷빨]

깃 발

초 + 불
촛불

[초뿔]
[촏뿔]

촛 불

귀 + 속 + 말
귓속말

[귀쏭말]
[귄쏭말]

귓 속 말

바다 + 가
바닷가

[바다까]
[바닫까]

바 닷 가

외가 + 집
외갓집

[외ː가찝]
[웨ː갇찝]

외 갓 집

코 + 구멍
콧구멍

[코꾸멍]
[콛꾸멍]

콧 구 멍

눈으로 확인해요

● 바른 낱말을 골라 ✔표를 하세요.

1 (   )이 바람에 펄럭입니다.
☐ 기빨 ☐ 깃발

2 옛날 사람들은 밤에 (   )을 켰다.
☐ 촌뿔 ☐ 촛불

3 친구가 나에게 (   )로 속삭였어요.
☐ 귓속말 ☐ 귀쏭말

4 (   )에서 조개를 잡았어요.
☐ 바닷가 ☐ 바다까

5 방학 때 (   )에 다녀왔어요.
☐ 외가찝 ☐ 외갓집

6 맛있는 냄새에 (   )이 벌렁거렸어요.
☐ 콧구멍 ☐ 콛꾸멍

7 (   )로 이를 깨끗이 닦으세요.
☐ 칫솔 ☐ 치쏠

8 (   )에 밥을 말아서 먹었어요.
☐ 고깃국 ☐ 고기꾹

9 (   )로 방을 쓸었어요.
☐ 빗자루 ☐ 비짜루

10 (   )에서 떡을 주셨다.
☐ 아래찝 ☐ 아랫집

11 아름다운 (   )가 들렸다.
☐ 노래쏘리 ☐ 노랫소리

12 하늘에서 (   )이 톡톡 터진다.
☐ 비눗방울 ☐ 비누빵울

〔 따라 쓰며 익혀요 〕

● 바른 낱말을 골라 따라 쓰세요.

1 기빨을 | 깃발을 힘차게 흔들어요.

2 바람에 촛불이 | 초뿔이 꺼졌습니다.

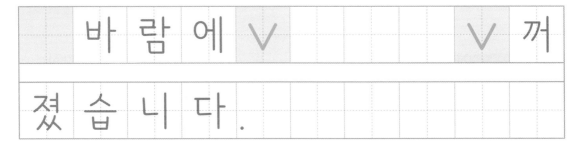

3 친구의 귀쏙말이 | 귓속말이 안 들렸어요.

4 아이가 콧구멍을 | 콛꾸멍을 후비고 있어요.

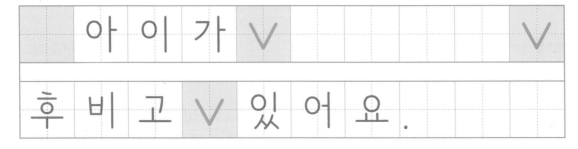

문장을 완성해요

정답 119쪽

◎ 그림을 보고, 바른 낱말을 골라 문장을 완성하세요.

1

| 바다까에서 | 바닷가에서 | | 주웠어요. | | 조개껍데기를 |

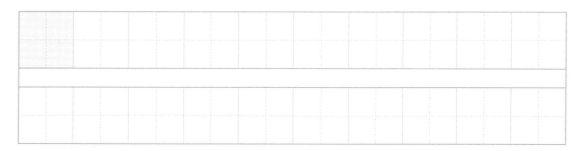

2

| 비눗방울을 | 비누빵울을 | | 아이들이 | | 불어요. |

11 2단원 평가

○ 바른 낱말을 골라 ✓표를 하세요.

1 다친 손에 물이 ☐ 닿다. ☐ 다타.

2 모래로 성을 ☐ 쌓지 ☐ 싸치 마세요.

3 엄마가 마당에 ☐ 구콰 ☐ 국화 를 심었어요.

4 의자를 ☐ 저쳐 ☐ 젖혀 편하게 앉으세요.

5 나는 ☐ 굳이 ☐ 구지 가고 싶지 않았어요.

6 내가 그린 그림을 벽에 ☐ 붙이다. ☐ 부치다.

7 ☐ 담요 ☐ 담뇨 에 우유를 엎질렀어요.

8 ☐ 호방녇 ☐ 호박엿 이 너무 딱딱해요.

9 운동장에 ☐ 긷빨 ☐ 깃발 이 많이 걸려 있습니다.

10 수영을 하다가 ☐ 콧구멍 ☐ 콛꾸멍 에 물이 들어갔어요.

○ 밑줄 친 낱말을 바르게 고쳐 쓰세요.

11 곱하기 문제를 <u>어떠케</u> 풀었니?

12 <u>파라턴</u> 하늘에 구름이 끼었어요.

13 내 생일을 <u>추카해</u> 줘서 고마워.

14 막내가 초등학교에 <u>이팍했습니다</u>.

15 아빠는 삼 형제 중에 <u>맞이입니다</u>.

16 내가 들은 내용을 <u>난나치</u> 썼어요.

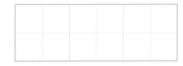

17 <u>한녀름</u>에 차가운 음료수를 마셔요.

18 <u>알략</u>이 커서 먹기가 힘들어요.

19 <u>초뿔</u>을 불어서 끄세요.

20 설날에 <u>외가찝</u>에 가고 싶어요.

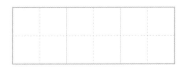

받아쓰기

아이에게 **정답 120쪽 내용**을 불러 주거나, **QR코드**를 찍어 내용을 들려주세요.

문제 듣기

◎ 불러 주는 말을 잘 듣고 맞춤법에 맞게 받아쓰세요.

1

2

3

4

5

✔ 어려운 글자나 틀린 글자를 연습해요.

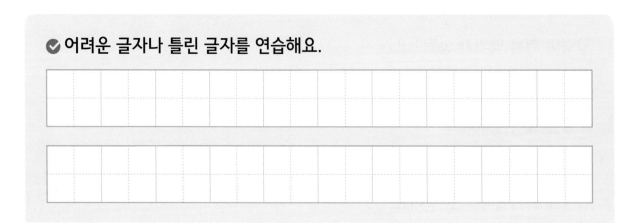

6

7

8

9

10

✅ 어려운 글자나 틀린 글자를 연습해요.

3 겹받침을
자주 틀려요

12 ㄳ, ㄵ, ㅄ 받침 있는 말

'ㄳ, ㄵ, ㅄ'은 읽을 때 두 받침 중에서 한 글자만 소리 나요.
쓸 때는 원래 받침을 그대로 써야 해요.

ㄳ 받침	🔊 읽기	✏️ 쓰기

 **넋**   [넉]   넋

 **몫**   [목]   몫

| ㄵ 받침 |

 **앉다**   [안따]   앉 다

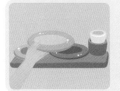 **얹다**   [언따]   얹 다

| ㅄ 받침 |

 **값**   [갑]   값

 **없다**   [업ː따]   없 다

[눈으로 확인해요]

○ 바른 낱말을 골라 ✓표를 하세요.

| ㄱㅅ 받침 |

1 ( )을 놓고 텔레비전을 보았다.

☐ 넉   ☐ 넋

2 남은 피자는 네 ( )이야.

☐ 몫   ☐ 목

| ㄴㅈ 받침 |

3 자세를 바르게 하고 ( ).

☐ 앉아요   ☐ 안자요

4 밥상 위에 숟가락을 ( ).

☐ 언다   ☐ 얹다

5 동생은 ( )가 작아요.

☐ 안즌키   ☐ 앉은키

6 바닥에 물을 ( ).

☐ 끼얹다   ☐ 끼언다

| ㅂㅅ 받침 |

7 이 음료수는 ( )이 너무 비싸요.

☐ 갑   ☐ 값

8 냉장고에 과일이 ( ).

☐ 업다   ☐ 없다

9 혼자 있는 강아지가 ( ).

☐ 가엾다   ☐ 가엽따

【 따라 쓰며 익혀요 】

○ 바른 낱말을 골라 따라 쓰세요.

1 돌아가신 분들의 넉을 | 넋을 위로하자.

	돌	아	가	신	∨	분	들	의	∨
		∨	위	로	하	자	.		

2 동생의 몫을 | 목을 나누어 주었다.

동	생	의	∨		∨	나	누
어	∨	주	었	다	.		

3 나는 이마에 손을 언쳤어요. | 얹었어요.

나	는	∨	이	마	에	∨	손	을

4 이 사과는 갑이 | 값이 얼마예요?

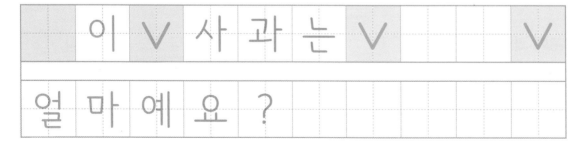

이	∨	사	과	는	∨			∨
얼	마	예	요	?				

문장을 완성해요

○ 그림을 보고, 바른 낱말을 골라 문장을 완성하세요.

1

| 앉았어요. | 안잤어요. | 우리는 | 잔디밭에 |

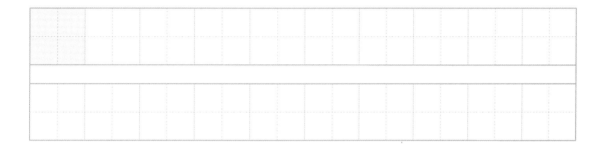

2

| 없어요. | 업써요. | 동물원에 | 호랑이가 |

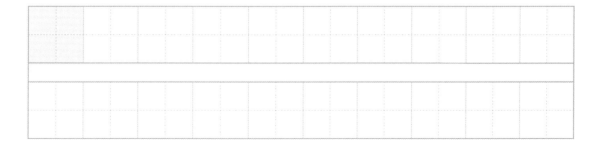

13

ㄼ, ㄾ 받침 있는 말

'ㄼ, ㄾ'은 읽을 때 대부분 [ㄹ]로 소리 나요.
쓸 때는 원래 받침을 그대로 써야 해요.

| ㄼ 받침 |

🔊 읽기　　　✏️ 쓰기

 **넓다**　　　[널따]　　　넓 다

 **얇다**　　　[얄ː따]　　　얇 다

 **여덟**　　　[여덜]　　　여 덟

 **짧다**　　　[짤따]　　　짧 다

| ㄾ 받침 |

 **핥다**　　　[할따]　　　핥 다

 **훑다**　　　[훌따]　　　훑 다

눈으로 확인해요

◉ 바른 낱말을 골라 ✓표를 하세요.

| ㄹㅂ 받침 |

1 공원이 ( ).   ☐ 널다   ☐ 넓다

2 옷이 ( ) 추워요.   ☐ 얇아서   ☐ 얄바서

3 참새 ( ) 마리가 날아간다.   ☐ 여덟   ☐ 여덜

4 바지의 길이가 ( ).   ☐ 짤다   ☐ 짧다

5 감이 덜 익어서 ( ).   ☐ 떨버요   ☐ 떫어요

6 옆 사람의 발을 ( ).   ☐ 밟았다   ☐ 발밨다

7 물감 색이 ( ).   ☐ 열버요   ☐ 엷어요

| ㄹㅌ 받침 |

8 강아지가 그릇을 ( ) 있다.   ☐ 할고   ☐ 핥고

9 책을 처음부터 ( ) 내려갔다.   ☐ 훑어   ☐ 훌터

10 ( )의 혀는 길어요.   ☐ 개미핥기   ☐ 개미할기

[따라 쓰며 익혀요]

○ 바른 낱말을 골라 따라 쓰세요.

1 널븐 | 넓은 운동장에서 달리기를 했어요.

2 이 책은 두께가 얇아요. | 얄바요.

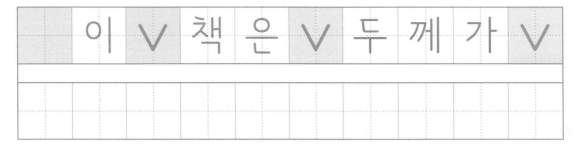

3 형은 긴 머리를 짤게 | 짧게 깎았다.

형	은	∨	긴	∨	머	리	를	∨
		∨	깎	았	다	.		

4 농부가 벼를 훑었어요. | 훌텄어요.

농	부	가	∨	벼	를	∨		

문장을 완성해요

○ 그림을 보고, 바른 낱말을 골라 문장을 완성하세요.

1

여덜 개　여덟 개　있어요.　사과가

2

핥았어요.　할탔어요.　강아지가　내 손을

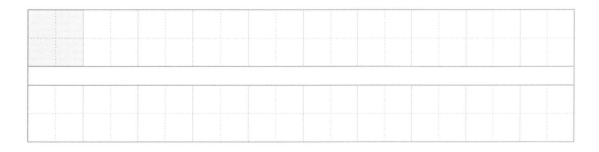

14

ㄺ, ㄻ, ㄿ 받침 있는 말

'ㄺ, ㄻ, ㄿ'은 읽을 때 두 받침 중에서 한 글자만 소리 나요.
쓸 때는 원래 받침을 그대로 써야 해요.

ㄺ 받침		🔊 읽기	✏️ 쓰기

 닭   [닥]   닭

 흙   [흑]   흙

 읽다   [익따]   읽 다

| ㄻ 받침 |

 닮다   [담ː따]   닮 다

 젊다   [점ː따]   젊 다

| ㄿ 받침 |

 읊다   [읍따]   읊 다

눈으로 확인해요

○ 바른 낱말을 골라 ✓표를 하세요.

| ㄺ 받침 |

1 (   )이 먹이를 먹고 있어요. ☐ 닭 ☐ 닥

2 손에 묻은 (   )을 털었어요. ☐ 흑 ☐ 흙

3 책을 (   ) 잠이 들었어요. ☐ 읽다가 ☐ 익따가

4 친구가 화가 난 (   )을 모르겠다. ☐ 까닥 ☐ 까닭

5 오늘은 유난히 하늘이 (   ). ☐ 맑다 ☐ 막다

| ㄻ 받침 |

6 나는 아빠를 꼭 (   ). ☐ 닮았다 ☐ 달맜다

7 (   ) 사람들이 광장에 모였다. ☐ 절믄 ☐ 젊은

8 빨래를 깨끗하게 (   ). ☐ 삶아요 ☐ 살마요

| ㄿ 받침 |

9 좋아하는 시를 (   ). ☐ 읍다 ☐ 읊다

○ 바른 낱말을 골라 따라 쓰세요.

1 닭이 | 달기 알을 품고 있어요.

2 우리는 옆모습이 서로 닮았어요. | 달맞어요.

3 가게에 절문 | 젊은 사람들이 많았다.

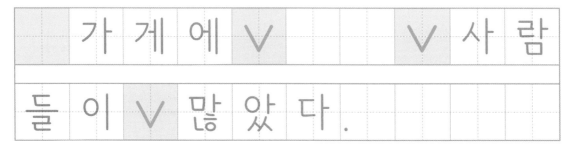

4 시인이 사랑에 대한 시를 읊퍼요. | 읊어요.

문장을 완성해요

○ 그림을 보고, 바른 낱말을 골라 문장을 완성하세요.

1

삼는다. 삶는다. 국수를 요리사가

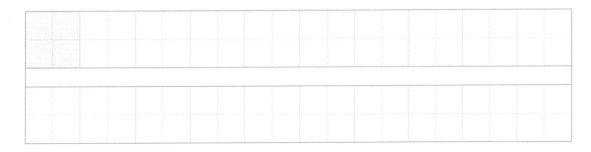

2

흙이 흘기 묻었어요. 운동화에

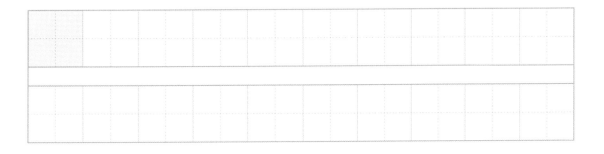

15 ㄴㅎ, ㄹㅎ 받침 있는 말

'ㄴㅎ, ㄹㅎ'은 읽을 때 두 받침 중에서 한 글자만 소리 나요.
쓸 때는 원래 받침을 그대로 써야 해요.

| ㄴㅎ 받침 | 읽기 | 쓰기 |

 **많아** [마ː나]

| 많 | 아 | |

 **괜찮다** [괜찬타]

| 괜 | 찮 | 다 |

 **끊습니다** [끈씀니다]

| 끊 | 습 | 니 | 다 |

| ㄹㅎ 받침 |

 **뚫고** [뚤코]

| 뚫 | 고 | |

 **싫어** [시러]

| 싫 | 어 | |

 **끓는다** [끌른다]

| 끓 | 는 | 다 |

70

눈으로 확인해요

○ 바른 낱말을 골라 ✓표를 하세요.

| ㄴㅎ 받침 |

1 이 생선은 가시가 (　　　).　　　☐ 마나요　☐ 많아요

2 좀 쉬었더니 이제 (　　　).　　　☐ 괜찮다　☐ 괜찬타

3 엉킨 실을 (　　　).　　　　　　☐ 끊습니다　☐ 끈습니다

4 청소하기가 (　　　).　　　　　☐ 귀찬네　☐ 귀찮네

5 입지 (　　　) 옷을 동생에게 주었다.　☐ 않는　☐ 안는

| ㄹㅎ 받침 |

6 종이에 구멍을 (　　　) 실로 묶는다.　☐ 뚤코　☐ 뚫고

7 난 더운 날씨가 (　　　).　　　☐ 싫어　☐ 시러

8 주전자의 물이 (　　　).　　　☐ 끓는다　☐ 끌른다

9 양말이 (　　　) 구멍이 났어요.　☐ 달아　☐ 닳아

10 추운 날씨 때문에 감기를 (　　　).　☐ 앓았다　☐ 알았다

따라 쓰며 익혀요

○ 바른 낱말을 골라 따라 쓰세요.

1 어린이가 먹어도 괜차나요. | 괜찮아요.

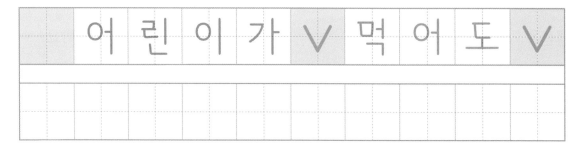

2 누나가 고무줄을 끊습니다. | 끈습니다.

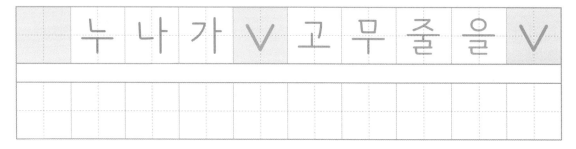

3 구멍을 뚫고 | 뚤코 못을 박았어요.

	구	멍	을	∨			∨	못	을
박	았	어	요	.					

4 찌개가 맛있게 바글바글 끌른다. | 끓는다.

	찌	개	가	∨	맛	있	게	∨	바
글	바	글	∨						

문장을 완성해요

○ 그림을 보고, 바른 낱말을 골라 문장을 완성하세요.

1

마나요. | 많아요. | 책이 | 도서관에는

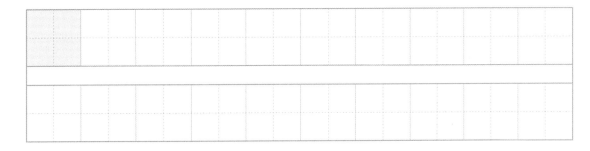

2

뚫고 | 뚤코 | 갔어요. | 눈보라를

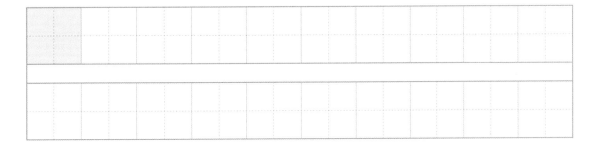

16 3단원 평가

◉ 바른 낱말을 골라 ✔표를 하세요.

1 네가 내 ☐목 ☐몫 까지 먹으렴.

2 잔디밭에 ☐안지 ☐앉지 마세요.

3 이 신발은 ☐값 ☐갑 이 비싸요.

4 ☐널꼬 ☐넓고 푸른 바다가 시원해 보여요.

5 아이스크림을 혀로 ☐할타 ☐핥아 먹었어요.

6 마당에서 ☐닥 ☐닭 과 토끼를 키웁니다.

7 동생은 나를 ☐달맜다. ☐닮았다.

8 언니가 시 한 편을 ☐읇습니다. ☐읊습니다.

9 오늘은 미세 먼지가 ☐많은 ☐마는 날입니다.

10 모기가 옷을 ☐뚤코 ☐뚫고 팔을 물었어요.

○ 밑줄 친 낱말을 바르게 고쳐 쓰세요.

11 아름다운 풍경에 넉을 빼앗겼다.

12 불에 모래를 끼언다.

13 가엽쓴 꼬마 아이를 보았어요.

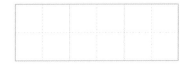

14 옷을 너무 얄께 입어서 추웠어요.

15 나는 올해 여덜 살이에요.

16 가지에 붙은 나뭇잎을 훌텄어요.

17 씨앗을 심고 흑을 덮었다.

18 삼촌은 점고 건강하다.

19 친구가 나에게 갠찬냐고 물었어요.

20 공부는 실치만 운동은 좋아요.

받아쓰기

아이에게 정답 125쪽 내용을 불러 주거나, QR코드를 찍어 내용을 들려주세요.

문제 듣기

● 불러 주는 말을 잘 듣고 맞춤법에 맞게 받아쓰세요.

1

2

3

4

5

✔ 어려운 글자나 틀린 글자를 연습해요.

6

7

8

9

10

✅ 어려운 글자나 틀린 글자를 연습해요.

4 모음자가 어려워요

17 ㅢ가 들어간 말

'ㅢ'와 'ㅣ'는 소리가 비슷해서 쓸 때 헷갈리기 쉬워요.
낱말에서 'ㅢ'를 기억해 두고 바르게 써야 해요.

✏️ 쓰기

너희 뭐 해?

너희

| 너 | 희 | 너 | 희 |

무늬

| 무 | 늬 | 무 | 늬 |

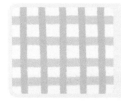

의사

| 의 | 사 | 의 | 사 |

흰색

| 흰 | 색 | 흰 | 색 |

씌우다

| 씌 | 우 | 다 | 씌 | 우 | 다 |

희망

| 희 | 망 | 희 | 망 |

○ 바른 낱말을 골라 ✔표를 하세요.

1 (　　　　) 집은 어디니?　　　　　☐ 너히　　☐ 너희

2 나비의 날개 (　　　　)가 곱다.　　☐ 무니　　☐ 무늬

3 나는 (　　　　)가 되고 싶어요.　　☐ 의사　　☐ 이사

4 (　　　　) 물감으로 구름을 그린다.　☐ 힌색　　☐ 흰색

5 환자에게 마스크를 (　　　　).　　☐ 씌우다　☐ 씨우다

6 어린이들에게 꿈과 (　　　　)을 주자.　☐ 히망　　☐ 희망

7 내일 가족 (　　　　)가 있다.　　　☐ 회이　　☐ 회의

8 아이가 (　　　　)에 앉았어요.　　☐ 의자　　☐ 이자

9 선생님께 (　　　　)를 들었다.　　☐ 주의　　☐ 주이

10 이 글은 (　　　　)가 엉망이다.　　☐ 띠어쓰기　☐ 띄어쓰기

11 (　　　　)가 눈밭을 뛰어다닌다.　　☐ 흰토끼　☐ 힌토끼

12 기차 소리가 (　　　　) 들려요.　　☐ 히미하게　☐ 희미하게

○ 바른 낱말을 골라 따라 쓰세요.

1 너희는 | 너히는 사이좋은 친구구나.

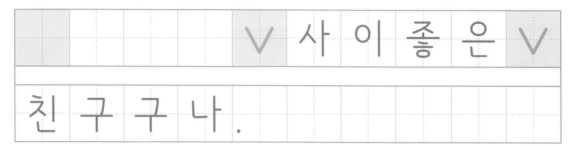

					∨	사	이	좋	은	∨
친	구	구	나	.						

2 예쁜 무니가 | 무늬가 있는 옷을 입어요.

예	쁜	∨				∨	있	는
옷	을	∨	입	어	요	.		

3 엄마가 아기에게 모자를 씨운다. | 씌운다.

엄	마	가	∨	아	기	에	게	∨
모	자	를	∨					

4 선생님은 나에게 희망을 | 히망을 주셨다.

선	생	님	은	∨	나	에	게	∨
			∨	주	셨	다	.	

[문장을 완성해요]

◎ 그림을 보고, 바른 낱말을 골라 문장을 완성하세요.

1

회의를　회이를　합니다.　친구들과

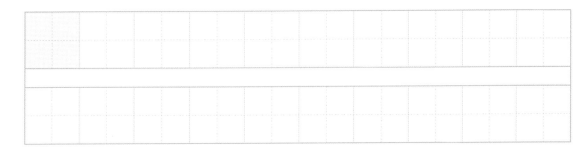

2

힌색으로　흰색으로　칠했어요.　벽을

18 ㅚ, ㅟ가 들어간 말

'ㅚ'는 'ㅐ', 'ㅞ'랑, 'ㅟ'는 'ㅣ'랑 소리가 비슷해서 헷갈리기 쉬워요.
낱말에서 'ㅚ'와 'ㅟ'를 기억해 두고 바르게 써야 해요.

| ㅚ가 들어간 말 |

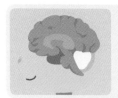 뇌

 괴물

 왼손

| ㅟ가 들어간 말 |

 가위

 방귀

 쉼표

✏️ **쓰기**

뇌　뇌

괴 물　괴 물

왼 손　왼 손

가 위　가 위

방 귀　방 귀

쉼 표　쉼 표

84

눈으로 확인해요

○ 바른 낱말을 골라 ✔표를 하세요.

| ㅚ가 들어간 말 |

1 ( )는 생각하고 기억하는 일을 한다. ☐ 뇌 ☐ 놰

2 꿈에서 ( )이 나왔다. ☐ 괘물 ☐ 괴물

3 나는 ( )으로 글씨를 씁니다. ☐ 왼손 ☐ 웬손

4 ( )로 문을 열었어요. ☐ 열쇠 ☐ 열쇄

5 시험에서 ( ) 점수를 받았다. ☐ 췌고 ☐ 최고

| ㅟ가 들어간 말 |

6 ( )로 종이를 오렸다. ☐ 가이 ☐ 가위

7 ( )를 뿡뿡 뀌었습니다. ☐ 방기 ☐ 방귀

8 ( )는 낱말 사이에 쓴다. ☐ 쉼표 ☐ 심표

9 ( )는 새콤달콤하다. ☐ 키위 ☐ 키이

10 숲에서 ( )를 보았어요. ☐ 다람지 ☐ 다람쥐

[따라 쓰며 익혀요]

○ 바른 낱말을 골라 따라 쓰세요.

1 커다란 **괴물이** | 괘물이 **나타났어요.**

	커	다	란	∨				∨	나
타	났	어	요	.					

2 **윈손으로** | 웬손으로 **물건을 들었다.**

						∨	물	건	을	∨
들	었	다	.							

3 미용사가 **가이로** | 가위로 **머리를 잘랐다.**

	미	용	사	가	∨				∨
머	리	를	∨	잘	랐	다	.		

4 심표 | **쉼표** **다음에는 조금 쉬어 읽습니다.**

						∨	다	음	에	는	∨	조
금	∨	쉬	어	∨	읽	습	니	다	.			

○ 그림을 보고, 바른 낱말을 골라 문장을 완성하세요.

1

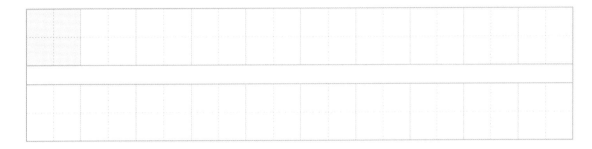

열쇄를　열쇠를　채웠어요.　자전거에

2

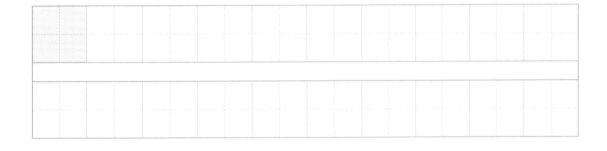

키위를　키이를　좋아한다.　동생은

19 ㅙ, ㅞ가 들어간 말

'ㅙ', 'ㅞ', 'ㅚ'는 소리가 비슷해서 쓸 때 헷갈리기 쉬워요.
낱말에서 'ㅙ'와 'ㅞ'를 기억해 두고 바르게 써야 해요.

| ㅙ가 들어간 말 |

 **왜**

 **돼지**

 **상쾌하다**

✍ 쓰기

 왜 왜

 돼 지 돼 지

상 쾌 하 다

| ㅞ가 들어간 말 |

 **궤짝**

 **꿰매다**

 **스웨터**

 궤 짝 궤 짝

 꿰 매 다 꿰 매 다

 스 웨 터 스 웨 터

 스 웨 터 스 웨 터

눈으로 확인해요

○ 바른 낱말을 골라 ✔표를 하세요.

| ㅙ가 들어간 말 |

1 바닷물은 (　　　) 짤까?
☐ 왜　　☐ 웨

2 (　　　) 저금통에 동전을 넣었다.
☐ 되지　　☐ 돼지

3 아침 공기가 (　　　).
☐ 상쾌하다　　☐ 상퀘하다

4 (　　　) 심술이 나요.
☐ 괸히　　☐ 괜히

5 마을에 (　　　) 소리가 울렸다.
☐ 꽹과리　　☐ 꿰과리

| ㅞ가 들어간 말 |

6 (　　　) 안에 보물이 있다.
☐ 궤짝　　☐ 괘짝

7 찢어진 옷을 (　　　).
☐ 꽤매다　　☐ 꿰매다

8 겨울에 (　　　)를 입어요.
☐ 스웨터　　☐ 스왜터

9 아침부터 (　　　) 울음소리지?
☐ 웬　　☐ 왠

10 자연을 (　　　) 마세요.
☐ 화손하지　　☐ 훼손하지

○ 바른 낱말을 골라 따라 쓰세요.

1 채소를 왜 | 웨 먹어야 할까?

	채	소	를	∨		∨	먹	어	야
할	까	?							

2 산속에 들어오니 기분이 상쾨하다. | 상쾌하다.

	산	속	에	∨	들	어	오	니	∨
기	분	이	∨						

3 괘짝에 | 궤짝에 사과를 넣어 두었다.

				∨	사	과	를	∨	넣
어	∨	두	었	다	.				

4 구멍 난 양말을 꽤매요. | 꿰매요.

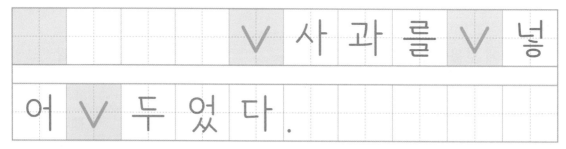

	구	멍	∨	난	∨	양	말	을	∨

문장을 완성해요

○ 그림을 보고, 바른 낱말을 골라 문장을 완성하세요.

1

| 되지를 | 돼지를 | 키워요. | 농장에서 |

2

| 스왜터를 | 스웨터를 | 따뜻하다. | 입으면 |

20 4단원 평가

○ 바른 낱말을 골라 ✓표를 하세요.

1   치과 ☐ 이사 ☐ 의사 선생님이 친절하시다.

2   선생님께 ☐ 주의 ☐ 주이 를 받았어요.

3   성냥팔이 소녀는 ☐ 히망 ☐ 희망 을 잃지 않았다.

4   등대에서 나오는 불빛이 ☐ 히미하다. ☐ 희미하다.

5   언니는 ☐ 왼손 ☐ 웬손 으로 글씨를 써요.

6   주머니에 ☐ 열쇄 ☐ 열쇠 가 없어요.

7   ☐ 쉼표 ☐ 심표 는 대답하는 말 뒤에 쓴다.

8   산에 오르니 기분이 ☐ 상쾌하다. ☐ 상퀘하다.

9   다 나은 상처를 ☐ 괜히 ☐ 괸히 건드리지 말아라.

10 봄에 ☐ 웬 ☐ 왠 눈이 내리지?

○ 밑줄 친 낱말을 바르게 고쳐 쓰세요.

11 너히 반 선생님은 누구시니?

12 허수아비에게 밀짚모자를 씨우다.

13 바른 자세로 이자에 앉아라.

14 이 만화의 주인공은 괘물이다.

15 달리기는 내가 쵀고야!

16 아빠는 우리 집 방기 대장이에요.

17 키이는 우리 몸에 좋은 과일이다.

18 잠이 웨 안 올까?

19 바다 위에 괘짝이 떠다닌다.

20 실과 바늘로 옷을 꽤맸다.

받아쓰기

아이에게 **정답 129쪽** 내용을 불러 주거나, **QR코드**를 찍어 내용을 들려주세요.

문제 듣기

○ 불러 주는 말을 잘 듣고 맞춤법에 맞게 받아쓰세요.

1

2

3

4

5

✔ 어려운 글자나 틀린 글자를 연습해요.

6

7

8

9

10

✅ 어려운 글자나 틀린 글자를 연습해요.

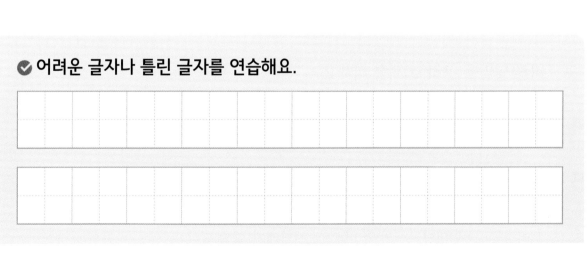

1-3 빈칸에 들어갈 바른 낱말을 골라 선으로 이으세요.

1

동화책을 (   ).

• 일다

• 익다

• 읽다

2

전등이 환하게 (   ).

• 빈나요

• 빛나요

• 빗나요

3

(   )로 그림을 그렸다.

• 색연필

• 생연필

• 색년필

4-6 바른 낱말을 골라 ✔표를 하세요.

4 초등학교 ☐ 입학 ☐ 이팍 을 축하합니다.

5 동생이 갑자기 ☐ 방구 ☐ 방귀 를 뀌었다.

6 우리집 ☐ 암마당 ☐ 앞마당 에 진달래가 활짝 폈다.

7-10 그림을 보고, 낱말을 바르게 고쳐 쓰세요.

7 궁 물 →

8 되 지 →

9 널 따 →

10 싸 타 →

11-13 대화에서 빈칸에 들어갈 바른 낱말을 골라 ✔표를 하세요.

11
재율: 수업 끝나고 우리 (   ) 축구할래?
주성: 좋아! 운동장에서 만나자.

☐ 가치
☐ 같이

12
아이: 이 옷은 (   )에 입기 더울 것 같아요.
아빠: 그러면 다른 옷으로 사자.

☐ 한여름
☐ 한녀름

13
서연: 오늘 기분이 어때?
정호: 등산을 했더니 기분이 (   ).

☐ 상쾌해
☐ 상쾌해

14-16 보기 에서 바른 낱말을 골라 빈칸에 쓰세요.

보기

여덜 | 여덟	얹다 | 언다	끓는다 | 끌는다

14 선반에 차곡차곡 그릇을 _____ .

15 내 동생은 올해 _____ 살이 됐다.

16 냄비에서 미역국이 팔팔 _____ .

17-19 밑줄 친 낱말을 바르게 고쳐 쓰세요.

17

바람에 기빨이 펄럭인다. ➡ _____

18

하늘에 둥근 달림이 떴다. ➡ _____

19

좋은 일이 생길 것이라는 히망을 갖다. ➡ _____

20 다음 중 바르게 쓴 문장은 어느 것인가요?　　　　　[✎　　]

① 내 눈은 아빠를 <u>닮았다</u>.
② 언니는 곰돌이 <u>무니</u>가 있는 옷을 입었다.
③ 꽁꽁 언 손을 녹이려고 <u>날로</u>에 불을 지폈다.

21-22　그림을 보고, 바른 문장을 골라 ✔표를 하세요.

21

　☐ 우리는 <u>사이좋게</u> 지냅니다.

　☐ 우리는 <u>사이조케</u> 지냅니다.

22

　☐ 노란색 <u>스웨터</u>를 새로 샀다.

　☐ 노란색 <u>스왜터</u>를 새로 샀다.

23-25　바른 낱말을 골라 빈칸에 쓰세요.

23 흑
　　흙 　｝　손에 묻은 [　　] 을 털었다.

24 담요
　　담뇨 　｝　옷장에 있던 [　　　] 를 꺼냈다.

25 승니
　　승리 　｝　우리 반이 야구 시합에서 [　　　] 를 했다.

1-3 빈칸에 들어갈 바른 낱말을 골라 선으로 이으세요.

1 의자를 뒤로 (   ).

• 젓히다

• 저치다

• 젖히다

2 송곳으로 종이를 (   ).

• 뚫다

• 뚤다

• 뚫다

3 종이에 글씨를 (   ).

• 정는다

• 적는다

• 적른다

4-6 바른 낱말을 골라 ✔표를 하세요.

4 바람이 불자 ☐ 부엌문 ☐ 부억문 이 쾅 하고 닫혔다.

5 나는 ☐ 웬손 ☐ 왼손 으로 숟가락질을 잘한다.

6 친구가 보내 준 자료를 ☐ 낱낱이 ☐ 낱낱히 살펴봤다.

7-10 그림을 보고, 낱말을 바르게 고쳐 쓰세요.

7 할 다 →

8 톰 날 →

9 맞 형 →

10 공 뇽 →

11-13 대화에서 빈칸에 들어갈 바른 낱말을 골라 ✔표를 하세요.

11
아현: 아까 무릎 다친 거 많이 아프니?
지성: 상처가 깊지 않아서 (　　　).

☐ 괜찬아
☐ 괜찮아

12
선생님: 여러분은 커서 어떤 사람이 되고 싶나요?
학생: 저는 아픈 사람을 도와주는 (　　　)가 되고 싶어요.

☐ 의사
☐ 으사

13
동생: 형, 이 장난감은 (　　　) 조립해야 해?
형: 내가 알려 줄 테니 같이 만들어 보자.

☐ 어떠케
☐ 어떻게

14-16 보기 에서 바른 낱말을 골라 빈칸에 쓰세요.

보기
실래화 | 실내화   해돋이 | 해도지   외가집 | 외갓집

14 교실에서는 [   ] 를 신어요.

15 아침 일찍 일어나 [   ] 를 기다렸다.

16 주말에 부모님과 함께 [   ] 에 놀러 갔다.

17-19 밑줄 친 낱말을 바르게 고쳐 쓰세요.

17 고기를 맛있게 <u>굽는다.</u> ➡ [   ]

18 찢어진 옷을 바늘로 <u>꽤매다.</u> ➡ [   ]

19 <u>망내</u>의 키가 제일 작다. ➡ [   ]

20 다음 중 바르게 쓴 문장은 어느 것인가요?　　　　　[✎　　]

① 이 가방은 갑이 비싸다.

② 음식을 급히 먹어서 체했다.

③ 다른 사람에게 방해되지 않게 귀속말로 속삭이다.

21-22 그림을 보고, 바른 문장을 골라 ✔표를 하세요.

21

☐ 식탁 위에 접시를 놓다.

☐ 식탁 위에 접시를 노타.

22

☐ 너무 놀라서 넉이 나갔다.

☐ 너무 놀라서 넋이 나갔다.

23-25 바른 낱말을 골라 빈칸에 쓰세요.

23

깎는다

깡는다

아버지가 사과를 _____.

24

읊다

읇다

친구들 앞에서 직접 쓴 시를 _____.

25

풀입

풀잎

초록색 _____에 노란색 나비가 앉았다.

정답

완자

ⓦ 완자
공부력 가이드

완자 공부력 시리즈는
앞으로도 계속 출간될 예정입니다.

국어
맞춤법
바로 쓰기
1~2학년용
4책

쓰기력

전과목
어휘
1~6학년용
12책

전과목
한자
어휘
1~6학년용
12책

영어
파닉스
1~2학년용
2책

영어
영단어
3~6학년용
8책

어휘력

국어
독해
1~6학년용
12책

한국사
독해
인물편
3~6학년용
4책

한국사
독해
시대편
3~6학년용
4책

독해력

수학
계산
1~6학년용
12책

계산력

완자 공부력 시리즈로 공부 근육을 키워요!

매일 성장하는
초등 자기개발서
ⓦ 완자

공부력

학습의 기초가 되는 읽기, 쓰기, 셈하기와 관련된
공부력을 키워야 여러 교과를 터득하기 쉬워집니다.
또한 어휘력과 독해력, 쓰기력, 계산력을 바탕으로 한
'공부력'은 자기주도 학습으로 상당한 단계까지 올라갈 수
있는 밑바탕이 되어 줍니다. 그래서 매일 꾸준한 학습이
가능한 '**완자 공부력 시리즈**'로 공부하면 **자기주도 학습이**
가능한 튼튼한 공부 근육을 키울 수 있을 것이라 확신합니다.

효과적인 공부력 강화 계획을 세워요!

◎ 학년별 공부 계획

내 학년에 맞게 꾸준하게 공부 계획을 세워요!

		1-2학년	3-4학년	5-6학년
기본	독해	국어 독해 1A 1B 2A 2B	국어 독해 3A 3B 4A 4B	국어 독해 5A 5B 6A 6B
	계산	수학 계산 1A 1B 2A 2B	수학 계산 3A 3B 4A 4B	수학 계산 5A 5B 6A 6B
	어휘	전과목 어휘 1A 1B 2A 2B	전과목 어휘 3A 3B 4A 4B	전과목 어휘 5A 5B 6A 6B
		파닉스 1 2	영단어 3A 3B 4A 4B	영단어 5A 5B 6A 6B
확장	어휘	전과목 한자 어휘 1A 1B 2A 2B	전과목 한자 어휘 3A 3B 4A 4B	전과목 한자 어휘 5A 5B 6A 6B
	쓰기	맞춤법 바로 쓰기 1A 1B 2A 2B		
	독해		한국사 독해 인물편 1 2 3 4	
			한국사 독해 시대편 1 2 3 4	

시기별 공부 계획

학기 중에는 **기본**, 방학 중에는 **기본 + 확장**으로 공부 계획을 세워요!

방학 중			
학기 중			
기본			**확장**
독해	계산	어휘	어휘, 쓰기, 독해
국어 독해	수학 계산	전과목 어휘 파닉스(1~2학년) 영단어(3~6학년)	전과목 한자 어휘 맞춤법 바로 쓰기(1~2학년) 한국사 독해(3~6학년)

예시 **초1 학기 중 공부 계획표** 주 5일 하루 3과목 (45분)

월	화	수	목	금
국어 독해	국어 독해	국어 독해	국어 독해	국어 독해
수학 계산	수학 계산	수학 계산	수학 계산	수학 계산
전과목 어휘	파닉스	전과목 어휘	전과목 어휘	파닉스

예시 **초4 방학 중 공부 계획표** 주 5일 하루 4과목 (60분)

월	화	수	목	금
국어 독해	국어 독해	국어 독해	국어 독해	국어 독해
수학 계산	수학 계산	수학 계산	수학 계산	수학 계산
전과목 어휘	영단어	전과목 어휘	전과목 어휘	영단어
한국사 독해 인물편	전과목 한자 어휘	한국사 독해 인물편	전과목 한자 어휘	한국사 독해 인물편

01 [ㄴ] 소리 나는 말

🔊 읽기　　✏️ 쓰기

	공룡	[공:뇽]	공 룡
	승리	[승니]	승 리
	음료수	[음:뇨수]	음 료 수
	꽃망울	[꼰망울]	꽃 망 울
닫다	닫는	[단는]	닫 는
빛나다	빛나요	[빈나요]	빛 나 요

＋ 낱말

장래[장내], 대통령[대:통녕], 정류장[정뉴장], 겉모양[건모양], 묻는다[문는다], 윷놀이[윤:노리]

코칭 Tip

● 바른 낱말을 골라 ✔표를 하세요.

1　아이들은 (　　)을 좋아해요.　　✔공룡　□공뇽

2　우리 반이 (　　)했어요.　　□승니　✔승리

3　빵과 (　　)를 먹어요.　　✔음료수　□음뇨수

4　(　　)이 터질 듯해요.　　□꼰망울　✔꽃망울

5　문을 (　　) 가게가 많다.　　✔닫는　□단는

6　밤하늘에 별이 (　　).　　✔빛나요　□빈나요

7　나의 (　　) 희망은 의사입니다.　　✔장래　□장내

8　나는 (　　)이 되고 싶어요.　　□대통녕　✔대통령

9　(　　)으로 친구를 마중 나갔다.　　✔정류장　□정뉴장

10　(　　)은 중요하지 않아요.　　✔겉모양　□건모양

11　물감이 손에 (　　).　　□문는다　✔묻는다

12　가족들과 (　　)를 했어요.　　□윤노리　✔윷놀이

● 바른 낱말을 골라 따라 쓰세요.

1 우리나라가 축구 경기에서 승니했다. | 승리했다.

우	리	나	라	가	∨	축	구	∨
경	기	에	서	∨	승	리	했	다.

2 시원한 음료수를 | 음뇨수를 마셨어요.

시	원	한	∨	음	료	수	를	∨
마	셨	어	요.					

3 봄마다 나무들은 꼰망울을 | 꽃망울을 맺는다.

봄	마	다	∨	나	무	들	은	∨
꽃	망	울	을	∨	맺	는	다.	

4 아이들의 눈동자가 반짝반짝 빈난다. | 빛난다.

아	이	들	의	∨	눈	동	자	가
반	짝	반	짝	∨	빛	난	다.	

● 그림을 보고, 바른 낱말을 골라 문장을 완성하세요.

1

　정류장에서　　정뉴장에서　　기다렸다.　　버스를

예시	정	류	장	에	서		버	스	를
	기	다	렸	다.					

★ 국어는 문장에서 낱말의 순서가 자유로운 편입니다. 문장이 자연스럽게 읽힌다면 낱말의 순서가 다른 문장도 바른 문장이에요.

　단는다.　　닫는다.　　동생이　　창문을

예시	동	생	이		창	문	을		닫
	는	다.							

🔊 읽기   ✍️ 쓰기

난로	[날:로]	난 로
한라산	[할:라산]	한 라 산
편리하다 편리한	[펼리한]	편 리 한
달님	[달림]	달 님
설날	[설:랄]	설 날
실내화	[실래화]	실 내 화

➕ 낱말

분리수거[불리수거], 분류해[불류해], 산신령[산실령],
별나라[별:라라], 물놀이[물로리], 칼날[칼랄]

◎ 바른 낱말을 골라 ✓표를 하세요.

1 (   )에 불을 피워요. ✓난로 ☐날로
2 (   ) 꼭대기에 올랐다. ✓한라산 ☐할라산
3 스마트폰은 (   ) 도구이다. ☐펼리한 ✓편리한
4 둥근 (   )이 떴습니다. ✓달님 ☐달림
5 (   )에는 큰집에 가요. ☐설랄 ✓설날
6 학교에서는 (   )를 신어요. ☐실래화 ✓실내화
7 (   )를 잘하자. ✓분리수거 ☐불리수거
8 색깔별로 (   ) 보아요. ✓분류해 ☐불류해
9 (   )이 금도끼를 주었다. ☐산실령 ✓산신령
10 (   )에 가는 꿈을 꾸었다. ✓별나라 ☐별라라
11 친구들과 (   )를 했어요. ☐물로리 ✓물놀이
12 (   )에 손을 베었다. ☐칼랄 ✓칼날

14쪽 / 15쪽

◎ 바른 낱말을 골라 따라 쓰세요.

1 아이는 달님에게 | 달림에게 기도했다.

| 아 | 이 | 는 | ∨ | 달 | 님 | 에 | 게 | ∨ |
| 기 | 도 | 했 | 다 | . | | | | |

2 실내화 | 실래화 가방을 잃어버렸어요.

| 실 | 내 | 화 | ∨ | 가 | 방 | 을 | ∨ | 잃 |
| 어 | 버 | 렸 | 어 | 요 | . | | | |

3 할라산 | 한라산 꼭대기에 백록담이 있어요.

| 한 | 라 | 산 | ∨ | 꼭 | 대 | 기 | 에 | ∨ |
| 백 | 록 | 담 | 이 | ∨ | 있 | 어 | 요 | . |

4 사람들이 난로 | 날로 앞으로 모여들었다.

| 사 | 람 | 들 | 이 | ∨ | 난 | 로 | ∨ | 앞 |
| 으 | 로 | ∨ | 모 | 여 | 들 | 었 | 다 | . |

◎ 그림을 보고, 바른 낱말을 골라 문장을 완성하세요.

1

별나라로 별라라로 떠나요. 우주여행을

| 예시 | 별 | 나 | 라 | 로 | | 우 | 주 | 여 | 행 |
| | 을 | | 떠 | 나 | 요 | . | | | |

2

분류했다. 불류했다. 도형끼리 같은

| 예시 | 같 | 은 | | 도 | 형 | 끼 | 리 | | 분 |
| | 류 | 했 | 다 | . | | | | | |

16쪽 / 17쪽

18쪽
19쪽

읽기 쓰기

톱날 　[톱날]　 톱 날

굽다
굽는다 　[굼ː는다]　 굽 는 다

입맛 　[임맏]　 입 맛

밥물 　[밤물]　 밥 물

앞마당 　[암마당]　 앞 마 당

덮다
덮는 　[덤는]　 덮 는

+ 낱말

앞머리[암머리], 앞니[암니], 겁나지[검나지], 옆문[염문], 잡는대[잠는대], 압력솥[암녁쏟]

◐ 바른 낱말을 골라 ✓표를 하세요.

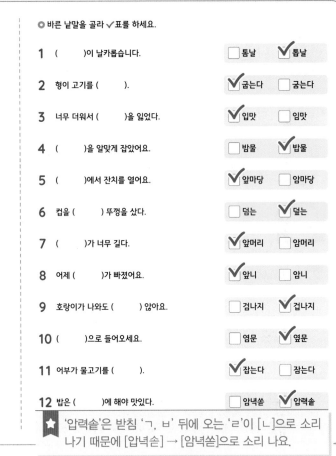

1　(　　　)이 날카롭습니다.　　□ 톱날　☑ 톱날

2　형이 고기를 (　　　).　　☑ 굽는다　□ 굽는다

3　너무 더워서 (　　　)을 잃었다.　　☑ 입맛　□ 임맛

4　(　　　)을 알맞게 잡았어요.　　□ 밤물　☑ 밥물

5　(　　　)에서 잔치를 열어요.　　☑ 앞마당　□ 암마당

6　컵을 (　　　) 뚜껑을 샀다.　　□ 덮는　☑ 덮는

7　(　　　)가 너무 길다.　　☑ 앞머리　□ 암머리

8　어제 (　　　)가 빠졌어요.　　☑ 앞니　□ 암니

9　호랑이가 나와도 (　　　) 않아요.　　□ 검나지　☑ 겁나지

10　(　　　)으로 들어오세요.　　□ 염문　☑ 옆문

11　어부가 물고기를 (　　　).　　☑ 잡는다　□ 잠는다

12　밥은 (　　　)에 해야 맛있다.　　□ 암녁쏟　☑ 압력솥

★ '압력솥'은 받침 'ㄱ, ㅂ' 뒤에 오는 'ㄹ'이 [ㄴ]으로 소리 나기 때문에 [압력솥] → [암녁쏟]으로 소리 나요.

20쪽
21쪽

◐ 바른 낱말을 골라 따라 쓰세요.

1 톱나리 | 톱날이 나무에 박혔다.

톱 날 이 ∨ 나 무 에 ∨ 박
혔 다 .

2 생선을 굽는 | 굽는 냄새가 납니다.

생 선 을 ∨ 굽 는 ∨ 냄 새
가 ∨ 납 니 다 .

3 앞마당에 | 암마당에 꽃을 심어요.

앞 마 당 에 ∨ 꽃 을 ∨ 심
어 요 .

4 어두운 동굴에 들어가기 겁나요. | 검나요.

어 두 운 ∨ 동 굴 에 ∨ 들
어 가 기 ∨ 겁 나 요 .

◐ 그림을 보고, 바른 낱말을 골라 문장을 완성하세요.

1

암머리를　앞머리를　잘랐다.　짧게

예시 앞 머 리 를 　 짧 게 　 잘
랐 다 .

2

덮는다.　덮는다.　이불을　따뜻한

예시 따 뜻 한 　 이 불 을 　 덮
는 다 .

		🔊 읽기	✏️ 쓰기
	국물	[궁물]	국 물
	막내	[망내]	막 내
	적다 적는다	[정는다]	적 는 다
	식물	[싱물]	식 물
	부엌문	[부엌문]	부 엌 문
	깎다 깎는다	[깡는다]	깎 는 다

＋ 낱말

학년[항년], 국민[궁민], 묶는[뭉는], 속력[송녁], 목련[몽년], 백로[뱅노]

◎ 바른 낱말을 골라 ✔표를 하세요.

1 따뜻한 (   )을 먹어요.　✔국물　궁물

2 (   )는 여섯 살이에요.　✔막내　망내

3 책을 읽고 느낀 점을 (   ).　✔적는다　정는다

4 (   )은 햇빛을 좋아해요.　싱물　✔식물

5 할머니께서 (   )을 여셨어요.　부엉문　✔부엌문

6 연필을 여러 개 (   ).　깡는다　✔깎는다

7 너는 몇 (   )이니?　항년　✔학년

8 (   )들이 운동선수들을 응원해요.　✔국민　궁민

9 머리를 (   ) 방법을 알려 주었다.　✔묶는　뭉는

10 기차가 (   )을 올렸다.　송녁　✔속력

11 (   )이 활짝 피었어요.　✔목련　몽년

12 (   )는 몸빛이 흰색이다.　뱅노　✔백로

22쪽
23쪽

◎ 바른 낱말을 골라 따라 쓰세요.

1 매일 일기를 적는다. | 정는다.

매	일	∨	일	기	를	∨	적	는
다	.							

2 바람에 부엉문이 | 부엌문이 쾅 닫혔어요.

바	람	에	∨	부	엌	문	이	∨
쾅	∨	닫	혔	어	요	.		

3 초인종이 울리자 막내가 | 망내가 뛰어나갔다.

초	인	종	이	∨	울	리	자	∨
막	내	가	∨	뛰	어	나	갔	다	.

4 기차는 빠른 속력으로 | 송녁으로 달립니다.

기	차	는	∨	빠	른	∨	속	력
으	로	∨	달	립	니	다	.	

◎ 그림을 보고, 바른 낱말을 골라 문장을 완성하세요.

1

백로가　뱅노가　한다.　날갯짓을

예시
백	로	가		날	갯	짓	을
한	다	.					

2

식물에　싱물에　주었어요.　물을

예시
식	물	에		물	을		주	었
어	요	.						

24쪽
25쪽

26쪽 27쪽

○ 바른 낱말을 골라 ✓표를 하세요.

1 ☐공뇽 ✓공룡 화석을 발견했다.

2 문을 ☐단는 ✓닫는 소리가 들렸다.

3 ☐승니 ✓승리 를 위해 최선을 다했다.

4 ✓달님 ☐달림 이 방긋 웃습니다.

5 ✓설날 ☐설랄 에는 떡국을 먹어요.

6 여름에는 ✓물놀이 ☐물로리 를 해요.

7 ☐압니 ✓앞니 가 부러졌어요.

8 ☐밤물 ✓밥물 을 많이 넣으면 죽이 된다.

9 연필을 ✓깎는 ☐깡는 일은 어렵다.

10 대표 팀에게 ✓국민 ☐궁민 의 관심이 쏟아졌다.

○ 밑줄 친 낱말을 바르게 고쳐 쓰세요.

11 음뇨수를 주문했어요. | 음 | 료 | 수 |

12 대통녕은 국가를 대표한다. | 대 | 통 | 령 |

13 개나리가 꼰망울을 터뜨렸다. | 꽃 | 망 | 울 |

14 즉석식품은 먹기 펼리해요. | 편 | 리 | 해 | 요 |

15 날로 위에 주전자를 올려놓았다. | 난 | 로 |

16 암마당을 빗자루로 쓸어요. | 앞 | 마 | 당 |

17 빵 굼는 냄새가 좋습니다. | 굽 | 는 |

18 망내가 유치원에서 돌아왔다. | 막 | 내 |

19 선생님 말씀을 받아 정느라 바쁘다. | 적 | 느 | 라 |

20 리본으로 상자를 뭉는다. | 묶 | 는 | 다 |

○ 불러 주는 말을 잘 듣고 맞춤법에 맞게 받아쓰세요.

28쪽 29쪽

1 햇 살 이   빛 나 요 .

2 별 나 라 에   가 자 .

3 실 내 화 를   빨 았 다 .

4 톱 날 이   날 카 롭 다 .

5 입 맛 이   돌 아 왔 다 .

6 부 엌 문 을   고 쳤 다 .

7 도 둑 을   잡 는   경 찰

8 국 물 이   너 무   짜 다 .

9 공 룡   인 형 을   샀 다 .

10 백 로 가   날 아 올 랐 다 .

✎ 어려운 글자나 틀린 글자를 연습해요.

✎ 어려운 글자나 틀린 글자를 연습해요.

2 글자와 소리가 달라요

06 거센소리 나는 말 ①

★ '거센소리'는 [카, 타, 파, 차]처럼 공기를 세게 내뿜으며 터트려서 내는 소리예요.

어떻게 [어떠케] 어 떻 게

사이좋게 [사이조케] 사 이 좋 게

놓다 [노타] 놓 다

파랗던 [파:라턴] 파 랗 던

쌓지 [싸치] 쌓 지

+ 낱말

넣고[너:코], 땋고[따:코], 노랗게[노:라케], 좋다[조:타], 하얗다[하:야타], 그렇지[그러치], 아무렇지[아:무러치]

코칭 Tip
32쪽 33쪽

◎ 바른 낱말을 골라 ✓표를 하세요.

1 발이 바닥에 (   ). ☐ 다타 ✓ 닿다
2 이 창문은 (   ) 닫니? ☐ 어떠케 ✓ 어떻게
3 우리 (   ) 지내자. ✓ 사이좋게 ☐ 사이조케
4 식탁 위에 접시를 (   ). ☐ 노타 ✓ 놓다
5 (   ) 하늘이 어두워졌어요. ☐ 파라턴 ✓ 파랗던
6 높은 담을 (   ). ✓ 쌓지요 ☐ 싸치요
7 주머니에 손을 (   ) 걸었어요. ✓ 넣고 ☐ 너코
8 머리를 (   ) 학교에 갔어요. ✓ 땋고 ☐ 따코
9 종이를 (   ) 색칠했어요. ☐ 노라케 ✓ 노랗게
10 선물을 받아서 기분이 (   ). ✓ 좋다 ☐ 조타
11 매운 음식을 (   ) 않게 먹어요. ☐ 아무러치 ✓ 아무렇지
12 저 사람 참 멋있다. (   )? ✓ 그렇지 ☐ 그러치

◎ 바른 낱말을 골라 따라 쓰세요.

34쪽 35쪽

1 동생과 사이좋게 | 사이조케 지내요.

| 동 | 생 | 과 | ∨ | 사 | 이 | 좋 | 게 | ∨ |
| 지 | 내 | 요 | . |

2 식탁에 물컵을 노타가 | 놓다가 엎었어요.

| 식 | 탁 | 에 | ∨ | 물 | 컵 | 을 | ∨ | 놓 |
| 다 | 가 | ∨ | 엎 | 었 | 어 | 요 | . |

3 파랗던 | 파라턴 귤들이 노랗게 익었어요.

| 파 | 랗 | 던 | ∨ | 귤 | 들 | 이 | ∨ | 노 |
| 랗 | 게 | ∨ | 익 | 었 | 어 | 요 | . |

4 바구니에 공을 넣지 | 너치 마세요.

| 바 | 구 | 니 | 에 | ∨ | 공 | 을 | ∨ | 넣 |
| 지 | ∨ | 마 | 세 | 요 | . |

◎ 그림을 보고, 바른 낱말을 골라 문장을 완성하세요.

1

어떠케 어떻게 구름은 만들어질까?

예시 | 구 | 름 | 은 | | 어 | 떻 | 게 | | 만 |
| 들 | 어 | 질 | 까 | ? |

2

안 닿다. 안 다타. 손이 공책에

예시 | 공 | 책 | 에 | | 손 | 이 | | 안 |
| 닿 | 다 | . |

36쪽
37쪽

📖 읽기　　✍ 쓰기

	읽기	쓰기
국화	[구콰]	국화
축하	[추카]	축하
맏형	[마텽]	맏형
급히	[그피]	급히
입학	[이팍]	입학
젖히다	[저치다]	젖히다

➕ 낱말

착한[차칸], 막히다[마키다], 식혜[시켸], 가득히[가드키], 곱하기[고파기], 잡혀요[자펴요], 맺혀[매처]

◯ 바른 낱말을 골라 ✔표를 하세요.

1 화단에 노란 (　　　)가 피었어요. ✔국화 ☐구콰

2 상을 타고 (　　　)를 받았다. ☐추카 ✔축하

3 (　　　)은 달리기를 잘해요. ✔맏형 ☐마텽

4 엄마는 (　　　) 시장에 갔어요. ☐그피 ✔급히

5 나는 올해 (　　　)을 했어요. ☐이팍 ✔입학

6 고개를 뒤로 (　　　). ✔젖히다 ☐저치다

7 나는 (　　　) 어린이입니다. ☐차칸 ✔착한

8 감기에 걸려 코가 (　　　). ✔막혔다 ☐마켰다

9 시원한 (　　　)가 맛있어요. ✔식혜 ☐시계

10 (　　　) 문제를 풀 수 있니? ✔곱하기 ☐고파기

11 강에서 물고기가 많이 (　　　). ☐자펴요 ✔잡혀요

12 풀잎에 이슬이 (　　　) 있습니다. ☐매처 ✔맺혀

38쪽
39쪽

◯ 바른 낱말을 골라 따라 쓰세요.

1 누나의 생일을 추카해요. | 축하해요.

누	나	의	✔	생	일	을	✔	축
하	해	요	.					

2 내 친구는 맏형이에요. | 맏텽이에요.

내	✔	친	구	는	✔	맏	형	이
에	요	.						

> ⭐ '이에요'를 '이예요'로 쓰지 않도록 주의해요. '예요'는 '이에요'의 준말이에요.

3 이모에게 이팍 | 입학 선물을 받았어요.

이	모	에	게	✔	입	학	✔	선
물	을	✔	받	았	어	요	.	

4 호랑이가 사냥꾼에게 자펴었요. | 잡혔어요.

호	랑	이	가	✔	사	냥	꾼	에
게	✔	잡	혔	어	요	.		

◯ 그림을 보고, 바른 낱말을 골라 문장을 완성하세요.

1

☐국화를 ☐구콰를 ☐선물했어요. ☐친구에게

예시

친	구	에	게		국	화	를	
선	물	했	어	요	.			

2

☐매쳐요. ☐맺혀요. ☐눈에 ☐눈물이

예시

눈	에		눈	물	이		맺	혀
요	.							

| [ㅈ] 소리 나는 말 | | 읽기 쓰기 |

굳이 너도 가려고?

굳이 [구지] 굳 이

맏이 [마지] 맏 이

+ 낱말

턱받이[턱빠지], 가을걷이[가을거지], 등받이[등바지],
물받이[물바지], 미닫이[미:다지]

| [ㅊ] 소리 나는 말 |

같이 [가치] 같 이

낱낱이 [난:나치] 낱 낱 이

붙이다 [부치다] 붙 이 다

+ 낱말

솥이[소치], 샅샅이[삳싸치], 밑이[미치], 똑같이[똑까치],
덧붙이다[덛뿌치다]

◉ 바른 낱말을 골라 ✔표를 하세요.

| [ㅈ] 소리 나는 말 |

1 동생은 (　　) 나를 따라왔어요.　　✔굳이　□구지

2 나는 우리집에서 (　　)입니다.　　□마지　✔맏이

3 새벽에 산에 올라 (　　)를 봤어요.　　□해도지　✔해돋이

4 아기에게 (　　)를 해 줬어요.　　✔턱받이　□턱바지

5 들녘에서는 (　　)가 한창입니다.　　□가을거지　✔가을걷이

☆ '가을걷이'는 '가을에 익은 곡식을 거두
어들이는 일.'을 의미해요.

| [ㅊ] 소리 나는 말 |

6 너와 (　　) 걷고 싶어.　　✔같이　□가치

7 공부한 내용을 (　　) 적었어요.　　□난나치　✔낱낱이

8 도화지에 색종이를 (　　).　　✔붙이다　□부치다

9 (　　) 무거워요.　　□소치　✔솥이

10 반지를 찾으려 서랍을 (　　) 뒤졌어요.　　✔샅샅이　□샅싸치

☆ '샅샅이'는 '틈이 있는 곳마다 모조리.' 또는 '빈틈
없이 모조리.'를 의미해요.

◉ 바른 낱말을 골라 따라 쓰세요.

1 나는 굿이 | **굳이** 가고 싶지 않아.

나 는 ∨ 굳 이 ∨ 가 고 ∨
싶 지 ∨ 않 아 .

2 해도지를 | **해돋이를** 보며 소원을 빌어요.

해 돋 이 를 ∨ 보 며 ∨ 소
원 을 ∨ 빌 어 요 .

3 우리는 **같이** | 가치 사진을 찍었어요.

우 리 는 ∨ 같 이 ∨ 사 진
을 ∨ 찍 었 어 요 .

4 주머니를 샅싸치 | **샅샅이** 찾아보아요.

주 머 니 를 ∨ 샅 샅 이 ∨
찾 아 보 아 요 .

◉ 그림을 보고, 바른 낱말을 골라 문장을 완성하세요.

1

턱받이를　턱바지를　하고 있어요.　아기가

예시 아 기 가 　 턱 받 이 를
하 고 　 있 어 요 .

2

부치다.　**붙이다.**　반창고를　상처에

예시 상 처 에 　 반 창 고 를
붙 이 다 .

40쪽 41쪽

42쪽 43쪽

44쪽
45쪽

★ '담+요, 한+여름, 색+연필, 호박+엿'은 뒷말에 [ㄴ]이,
'풀+잎, 알+약'은 뒷말에 [ㄹ]이 더해져 소리 나요.

한여름	[한녀름]	한 여 름
색연필	[생년필]	색 연 필
호박엿	[호:방녇]	호 박 엿
풀잎	[풀립]	풀 잎
알약	[알략]	알 약

+ 낱말

밭일[반닐], 집안일[지반닐], 한입[한닙], 식용유[시공뉴],
꽃잎[꼰닙], 지하철역[지하철력], 별일[별릴]

◎ 바른 낱말을 골라 ✓표를 하세요.

1 ( )를 덮고 잠이 들었다. ☑담요 ☐담뇨

2 ( )이라 너무 더워요. ☑한여름 ☐한녀름

3 ( )로 그림을 그렸어요. ☑색연필 ☐생년필

4 시장에서 ( )을 샀어요. ☐호방녇 ☑호박엿

5 ( )이 비에 젖었다. ☐풀립 ☑풀잎

6 ( )을 꿀꺽 삼켰어요. ☐알략 ☑알약

7 농부는 아침부터 ( )을 했어요. ☐반닐 ☑밭일

8 형과 함께 ( )을 도와요. ☑집안일 ☐지반닐

9 커다란 빵을 ( )에 먹었어요. ☐한닙 ☑한입

10 프라이팬에 ( )를 둘러요. ☑식용유 ☐시공뉴

11 놀이공원 근처에 ( )이 있습니다. ☐지하철력 ☑지하철역

12 그동안 ( ) 없었니? ☑별일 ☐별릴

46쪽
47쪽

◎ 바른 낱말을 골라 따라 쓰세요.

1 한여름에 | 한녀름에 신나게 물놀이를 해요.

한 여 름 에 ∨ 신 나 게 ∨
물 놀 이 를 ∨ 해 요 .

2 나비가 풀잎에 | 풀리페 앉아 있다.

나 비 가 ∨ 풀 잎 에 ∨ 앉
아 ∨ 있 다 .

3 알락은 | 알약은 먹기가 어려워요.

알 약 은 ∨ 먹 기 가 ∨ 어
려 워 요 .

4 아빠가 고기를 한입에 | 한닙에 넣었어요.

아 빠 가 ∨ 고 기 를 ∨ 한
입 에 ∨ 넣 었 어 요 .

◎ 그림을 보고, 바른 낱말을 골라 문장을 완성하세요.

1

담뇨를 | 담요를 | 햇볕에 | 말렸습니다.

예시 햇 볕 에 담 요 를 말
렸 습 니 다 .

2

색연필로 | 생년필로 | 그려요. | 나비를

예시 색 연 필 로 나 비 를
그 려 요 .

10 사이시옷 있는 말

48쪽
49쪽

★ 우리말의 된소리는 'ㄲ, ㄸ, ㅃ, ㅆ, ㅉ'이 있어요.

기+발 **깃발**	[기빨] [긷빨]	깃 발
초+불 **촛불**	[초뿔] [촏뿔]	촛 불
귀+속+말 **귓속말**	[귀쏭말] [귇쏭말]	귓 속 말
바다+가 **바닷가**	[바다까] [바닫까]	바 닷 가
외가+집 **외갓집**	[외:가찝] [웨:갇찝]	외 갓 집
코+구멍 **콧구멍**	[코꾸멍] [콛꾸멍]	콧 구 멍

＋ 낱말

칫솔, 고깃국, 빗자루, 아랫집, 노랫소리, 비눗방울

◎ 바른 낱말을 골라 ✓표를 하세요.

1 (　　)이 바람에 펄럭입니다.　☐ 기빨　✓ 깃발

2 옛날 사람들은 밤에 (　　)을 켰다.　☐ 촌뿔　✓ 촛불

3 친구가 나에게 (　　)로 속삭였어요.　✓ 귓속말　☐ 귀쏭말

4 (　　)에서 조개를 잡았어요.　✓ 바닷가　☐ 바다까

5 방학 때 (　　)에 다녀왔어요.　☐ 외가찝　✓ 외갓집

6 맛있는 냄새에 (　　)이 벌렁거렸어요.　✓ 콧구멍　☐ 콛꾸멍

7 (　　)로 이를 깨끗이 닦으세요.　✓ 칫솔　☐ 치쏠

8 (　　)에 밥을 말아서 먹었어요.　✓ 고깃국　☐ 고기꾹

9 (　　)로 방을 쓸었어요.　✓ 빗자루　☐ 비짜루

10 (　　)에서 떡을 주셨다.　☐ 아래찝　✓ 아랫집

11 아름다운 (　　)가 들렸다.　☐ 노래쏘리　✓ 노랫소리

12 하늘에서 (　　)이 톡톡 터진다.　✓ 비눗방울　☐ 비누빵울

50쪽
51쪽

◎ 바른 낱말을 골라 따라 쓰세요.

1 기빨을 | 깃발을 힘차게 흔들어요.

깃 발 을 ∨ 힘 차 게 ∨ 흔
들 어 요 .

2 바람에 촛불이 | 초뿔이 꺼졌습니다.

바 람 에 ∨ 촛 불 이 ∨ 꺼
졌 습 니 다 .

3 친구의 귀쏭말이 | 귓속말이 안 들렸어요.

친 구 의 ∨ 귓 속 말 이 ∨
안 ∨ 들 렸 어 요 .

4 아이가 콧구멍을 | 콛꾸멍을 후비고 있어요.

아 이 가 ∨ 콧 구 멍 을 ∨
후 비 고 ∨ 있 어 요 .

◎ 그림을 보고, 바른 낱말을 골라 문장을 완성하세요.

1

바다까에서　바닷가에서　주웠어요.　조개껍데기를

예시 바 닷 가 에 서 　 조 개 껍
데 기 를 　 주 웠 어 요 .

2

비눗방울을　비누빵울을　아이들이　불어요.

예시 아 이 들 이 　 비 눗 방 울
을 　 불 어 요 .

○ 바른 낱말을 골라 ✓표를 하세요.

52쪽
53쪽

1 다친 손에 물이 [✓] 닿다. [ ] 다타.

2 모래로 성을 [✓] 쌓지 [ ] 싸치 마세요.

3 엄마가 마당에 [ ] 구콰 [✓] 국화 를 심었어요.

4 의자를 [ ] 저쳐 [✓] 젖혀 편하게 앉으세요.

5 나는 [✓] 굳이 [ ] 구지 가고 싶지 않았어요.

6 내가 그린 그림을 벽에 [✓] 붙이다. [ ] 부치다.

7 [✓] 담요 [ ] 담뇨 에 우유를 엎질렀어요.

8 [ ] 호방년 [✓] 호박엿 이 너무 딱딱해요.

9 운동장에 [ ] 긷빨 [✓] 깃발 이 많이 걸려 있습니다.

10 수영을 하다가 [✓] 콧구멍 [ ] 콘꾸멍 에 물이 들어갔어요.

○ 밑줄 친 낱말을 바르게 고쳐 쓰세요.

11 곱하기 문제를 어떠케 풀었니? | 어 | 떻 | 게 |

12 파라턴 하늘에 구름이 끼었어요. | 파 | 랗 | 던 |

13 내 생일을 추카해 줘서 고마워. | 축 | 하 |

14 막내가 초등학교에 이팍했습니다. | 입 | 학 |

15 아빠는 삼 형제 중에 맏이입니다. | 맏 | 이 |

16 내가 들은 내용을 난나치 썼어요. | 낱 | 낱 | 이 |

17 한녀름에 차가운 음료수를 마셔요. | 한 | 여 | 름 |

18 알략이 커서 먹기가 힘들어요. | 알 | 약 |

19 초뿔을 불어서 끄세요. | 촛 | 불 |

20 설날에 외가찝에 가고 싶어요. | 외 | 갓 | 집 |

○ 불러 주는 말을 잘 듣고 맞춤법에 맞게 받아쓰세요.

54쪽
55쪽

1 길이 막혔어요.

2 사이좋게 놀아요.

3 급히 뛰어갔어요.

4 우리 같이 가자.

5 책을 책상에 놓다.

6 해돋이를 기다려요.

7 풀잎이 시들었어요.

8 색연필을 샀습니다.

9 파도가 치는 바닷가

10 노랫소리가 들려요.

✐ 어려운 글자나 틀린 글자를 연습해요.

✐ 어려운 글자나 틀린 글자를 연습해요.

3 겹받침을 자주 틀려요

12 ㄳ, ㄵ, ㅄ 받침 있는 말

ㄳ 받침	🔊 읽기	✏️ 쓰기
넋	[넉]	넋
➕ 낱말 몫	[목]	몫

샀[삭], 품삯[품싹]

ㄵ 받침		
앉다	[안따]	앉다
➕ 낱말 얹다	[언따]	얹다

앉은키[안즌키], 끼얹다[끼언따], 내려앉다[내려안따]

ㅄ 받침		
값	[갑]	값
➕ 낱말 없다	[업ː따]	없다

가엾다[가ː엽따], 수없이[수ː업씨]

○ 바른 낱말을 골라 ✔표를 하세요.

58쪽
59쪽

코칭 Tip

| ㄳ 받침 |
1 (　　　)을 놓고 텔레비전을 보았다.　☐ 넉　✔ 넋
2 남은 피자는 네 (　　　)이야.　✔ 몫　☐ 목

| ㄵ 받침 |
3 자세를 바르게 하고 (　　　).　✔ 앉아요　☐ 안자요
4 밥상 위에 숟가락을 (　　　).　☐ 언다　✔ 얹다
5 동생은 (　　　)가 작아요.　☐ 안즌키　✔ 앉은키
6 바닥에 물을 (　　　).　✔ 끼얹다　☐ 끼언다

| ㅄ 받침 |
7 이 음료수는 (　　　)이 너무 비싸요.　☐ 갑　✔ 값
8 냉장고에 과일이 (　　　).　☐ 업다　✔ 없다
9 혼자 있는 강아지가 (　　　).　✔ 가엾다　☐ 가엽따

⭐ '가엾다'와 '가엽다' 모두 맞춤법에 맞는 낱말로, 두 낱말은 같은 의미예요.

○ 바른 낱말을 골라 따라 쓰세요.

60쪽
61쪽

1 돌아가신 분들의 넋을 | 넋을 위로하자.

돌	아	가	신	∨	분	들	의	∨
넋	을	∨	위	로	하	자	.	

2 동생의 몫을 | 목을 나누어 주었다.

동	생	의	∨	몫	을	∨	나	누
어	∨	주	었	다	.			

3 나는 이마에 손을 언졌어요. | 얹었어요.

나	는	∨	이	마	에	∨	손	을
얹	었	어	요	.				

4 이 사과는 값이 | 갑이 얼마예요?

이	∨	사	과	는	∨	값	이	∨
얼	마	예	요	?				

○ 그림을 보고, 바른 낱말을 골라 문장을 완성하세요.

1

앉았어요.　안잤어요.　우리는　잔디밭에

예시
우	리	는		잔	디	밭	에
앉	았	어	요	.			

2

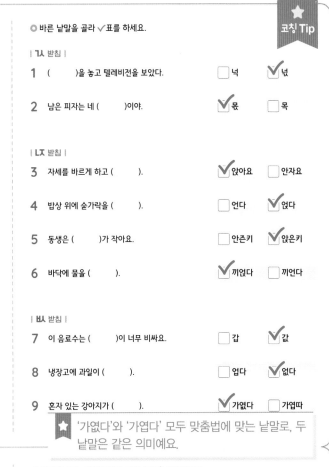

없어요.　업써요.　동물원에　호랑이가

예시
호	랑	이	가		동	물	원	에
없	어	요	.					

62쪽
63쪽

ㄹㅂ 받침	🔊 읽기	✍ 쓰기
넓다	[널따]	넓 다
얇다	[얄:따]	얇 다
여덟	[여덜]	여 덟
짧다	[짤따]	짧 다

+ 낱말

떫어요[떨:버요], 밟았다[발받따], 엷어요[열:버요]

ㄹㅌ 받침		
핥다	[할따]	핥 다
훑다	[훌따]	훑 다

+ 낱말

개미핥기[개:미할끼], 겉핥기[거탈끼]

○ 바른 낱말을 골라 ✔표를 하세요.

| ㄹㅂ 받침 |

1 공원이 ( ). □ 널다 ✔ 넓다

2 옷이 ( ) 추워요. ✔ 얇아서 □ 얄바서

3 참새 ( ) 마리가 날아간다. ✔ 여덟 □ 여덜

4 바지의 길이가 ( ). □ 짤다 ✔ 짧다

5 감이 덜 익어서 ( ). □ 떫버요 ✔ 떫어요

6 옆 사람의 발을 ( ). ✔ 밟았다 □ 발밨다

7 물감 색이 ( ). □ 옆버요 ✔ 엷어요

⭐ '엷다'의 뜻은 '빛깔이 진하지 아니하다.'입니다.

| ㄹㅌ 받침 |

8 강아지가 그릇을 ( ) 있다. □ 핧고 ✔ 핥고

9 책을 처음부터 ( ) 내려갔다. ✔ 훑어 □ 훑터

10 ( )의 혀는 길어요. ✔ 개미핥기 □ 개미핧기

64쪽
65쪽

○ 바른 낱말을 골라 따라 쓰세요.

1 넓븐 | 넓은 운동장에서 달리기를 했어요.

| 넓 | 은 | ∨ | 운 | 동 | 장 | 에 | 서 | ∨ |
| 달 | 리 | 기 | 를 | ∨ | 했 | 어 | 요 | . |

2 이 책은 두께가 얇아요. | 얄바요.

| 이 | ∨ | 책 | 은 | ∨ | 두 | 께 | 가 | ∨ |
| 얇 | 아 | 요 | . | | | | | |

3 형은 긴 머리를 짤게 | 짧게 깎았다.

| 형 | 은 | ∨ | 긴 | ∨ | 머 | 리 | 를 | ∨ |
| 짧 | 게 | ∨ | 깎 | 았 | 다 | . | | |

4 농부가 벼를 훑었어요. | 훑텄어요.

| 농 | 부 | 가 | ∨ | 벼 | 를 | ∨ | 훑 | 었 |
| 어 | 요 | . | | | | | | |

○ 그림을 보고, 바른 낱말을 골라 문장을 완성하세요.

1

여덜 개 | 여덟 개 | 있어요. | 사과가

예시

| 사 | 과 | 가 | | 여 | 덟 | | 개 |
| 있 | 어 | 요 | . | | | | |

⭐ '개'와 같이 단위를 나타내는 낱말은 앞말과 띄어 써요.

2

핥았어요. | 핥핬어요. | 강아지가 | 내 손을

예시

| 강 | 아 | 지 | 가 | | 내 | | 손 | 을 |
| 핥 | 았 | 어 | 요 | . | | | | |

ㄺ 받침	🔊읽기 ✏️쓰기
닭	[닥] 닭
흙	[흑] 흙
+낱말 읽다	[익따] 읽 다

까닭[까닥], 맑다[막따], 굵다[국:따], 늙다[늑따]

| ㄻ 받침 |
| 닮다 | [담:따] 닮 다 |
| +낱말 젊다 | [점:따] 젊 다 |

삶아요[살마요], 굶다[굼:따], 옮다[옴:따], 짊어지다[질머지다]

| ㄿ 받침 |
| 읊다 | [읍따] 읊 다 |

⭐ '읊다'는 두 받침 중에서 'ㅍ'이 남아 소리 나요. 받침 'ㅍ'은 [ㅂ]으로 소리 나므로 [읍따]로 발음해요.

◉ 바른 낱말을 골라 ✓표를 하세요.

| ㄺ 받침 |
1 (   )이 먹이를 먹고 있어요.   ✓닭   ☐닥
2 손에 묻은 (   )을 털었어요.   ☐흑   ✓흙
3 책을 (   ) 잠이 들었어요.   ✓읽다가   ☐익따가
4 친구가 화가 난 (   )을 모르겠다.   ☐까닥   ✓까닭
5 오늘은 유난히 하늘이 (   ).   ✓맑다   ☐막다

| ㄻ 받침 |
6 나는 아빠를 꼭 (   ).   ✓닮았다   ☐달맜다
7 (   ) 사람들이 광장에 모였다.   ☐절믄   ✓젊은
8 빨래를 깨끗하게 (   ).   ✓삶아요   ☐살마요

| ㄿ 받침 |
9 좋아하는 시를 (   ).   ☐읍다   ✓읊다

66쪽
67쪽

◉ 바른 낱말을 골라 따라 쓰세요.

1 닭이 | 달기 알을 품고 있어요.

| 닭 | 이 | ∨ | 알 | 을 | ∨ | 품 | 고 | ∨ |
| 있 | 어 | 요 | . |

2 우리는 옆모습이 서로 닮았어요. | 달맜어요.

| 우 | 리 | 는 | ∨ | 옆 | 모 | 습 | 이 | ∨ |
| 서 | 로 | ∨ | 닮 | 았 | 어 | 요 | . |

3 가게에 절믄 | 젊은 사람들이 많았다.

| 가 | 게 | 에 | ∨ | 젊 | 은 | ∨ | 사 | 람 |
| 들 | 이 | ∨ | 많 | 았 | 다 | . |

4 시인이 사랑에 대한 시를 읊퍼요. | 읊어요.

| 시 | 인 | 이 | ∨ | 사 | 랑 | 에 | ∨ | 대 |
| 한 | ∨ | 시 | 를 | ∨ | 읊 | 어 | 요 | . |

◉ 그림을 보고, 바른 낱말을 골라 문장을 완성하세요.

1

삶는다. | 삶는다. | 국수를 | 요리사가

예시 | 요 | 리 | 사 | 가 | | 국 | 수 | 를 |
| 삶 | 는 | 다 | . |

2

흙이 | 흘기 | 묻었어요. | 운동화에

예시 | 운 | 동 | 화 | 에 | | 흙 | 이 | | 묻 |
| 었 | 어 | 요 | . |

68쪽
69쪽

70쪽
71쪽

| ㄴㅎ 받침 | 읽기 | 쓰기 |

만아 [마:나] 만아

괜찮다 [괜찬타] 괜 찮 다

+낱말 끊습니다 [끈씀니다] 끊 습 니 다

귀찮네[귀찬네], 않는[안는], 점잖다[점:잔타]

| ㄹㅎ 받침 |

뚫고 [뚤코] 뚫 고

싫어 [시러] 싫 어

끓는다 [끌른다] 끓 는 다

+낱말

닳아[다라], 앓았다[아란따], 끓다[끌타], 잃다[일타]

○ 바른 낱말을 골라 ✓표를 하세요.

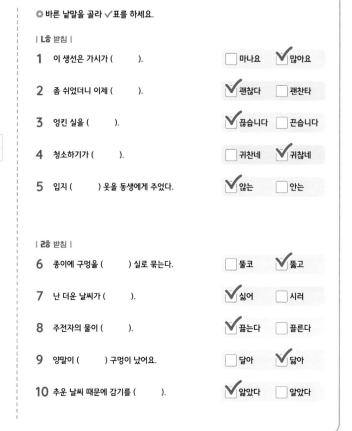

| ㄴㅎ 받침 |

1 이 생선은 가시가 (   ). ☐ 마나요 ✓ 많아요

2 좀 쉬었더니 이제 (   ). ✓ 괜찮다 ☐ 괜찬타

3 엉킨 실을 (   ). ✓ 끊습니다 ☐ 끈습니다

4 청소하기가 (   ). ☐ 귀찬네 ✓ 귀찮네

5 입지 (   ) 옷을 동생에게 주었다. ✓ 않는 ☐ 안는

| ㄹㅎ 받침 |

6 종이에 구멍을 (   ) 실로 묶는다. ☐ 뚤코 ✓ 뚫고

7 난 더운 날씨가 (   ). ✓ 싫어 ☐ 시러

8 주전자의 물이 (   ). ✓ 끓는다 ☐ 끌른다

9 양말이 (   ) 구멍이 났어요. ☐ 달아 ✓ 닳아

10 추운 날씨 때문에 감기를 (   ). ✓ 앓았다 ☐ 알았다

72쪽
73쪽

○ 바른 낱말을 골라 따라 쓰세요.

1 어린이가 먹어도 괜찮나요. | 괜찮아요.

어 린 이 가 ∨ 먹 어 도 ∨
괜 찮 아 요 .

2 누나가 고무줄을 끊습니다. | 끈습니다.

누 나 가 ∨ 고 무 줄 을 ∨
끊 습 니 다 .

3 구멍을 뚫고 | 뚤코 못을 박았어요.

구 멍 을 ∨ 뚫 고 ∨ 못 을
박 았 어 요 .

4 찌개가 맛있게 바글바글 끌른다. | 끓는다.

찌 개 가 ∨ 맛 있 게 ∨ 바
글 바 글 ∨ 끓 는 다 .

○ 그림을 보고, 바른 낱말을 골라 문장을 완성하세요.

1

마나요. 많아요. 책이 도서관에는

예시 도 서 관 에 는 　 책 이
많 아 요 .

2

뚫고 뚤코 갔어요. 눈보라를

예시 눈 보 라 를 　 뚫 고 　 갔
어 요 .

⭐ '뚫다'는 '구멍을 내다.'라는 뜻도 있지만, '어려움을 힘써 헤치고 나간다.'라는 뜻도 있어요.

◎바른 낱말을 골라 ✓표를 하세요.

1 네가 내 ☐목 ✓몫 까지 먹으렴.

2 잔디밭에 ☐안지 ✓앉지 마세요.

3 이 신발은 ✓값 ☐갑 이 비싸요.

4 ☐널꼬 ✓넓고 푸른 바다가 시원해 보여요.

5 아이스크림을 혀로 ☐할타 ✓핥아 먹었어요.

6 마당에서 ☐닥 ✓닭 과 토끼를 키웁니다.

7 동생은 나를 ☐달맜다 ✓닮았다.

8 언니가 시 한 편을 ✓읊습니다 ☐읍습니다.

9 오늘은 미세 먼지가 ✓많은 ☐마는 날입니다.

10 모기가 옷을 ☐뚤코 ✓뚫고 팔을 물었어요.

◎밑줄 친 낱말을 바르게 고쳐 쓰세요.

11 아름다운 풍경에 넉을 빼앗겼다.　│넋│

12 불에 모래를 끼언다.　│끼│언│다│

13 가엽쓴 꼬마 아이를 보았어요.　│가│엾│은│

14 옷을 너무 얇께 입어서 추웠어요.　│얇│게│

15 나는 올해 여덜 살이에요.　│여│덟│

16 가지에 붙은 나뭇잎을 훌텄어요.　│훑│었│어│요│

17 씨앗을 심고 흑을 덮었다.　│흙│

18 삼촌은 점고 건강하다.　│젊│고│

19 친구가 나에게 갠찬냐고 물었어요.　│괜│찮│냐│고│

20 공부는 실치만 운동은 좋아요.　│싫│지│만│

74쪽 75쪽

◎불러 주는 말을 잘 듣고 맞춤법에 맞게 받아쓰세요.

1 │이│마│에│　│얹│은│　│손│

2 │지│우│개│가│　│없│어│요│.│

3 │앞│발│이│　│짧│은│　│토│끼│

4 │글│을│　│읽│고│　│씁│니│다│.│

5 │강│물│이│　│참│　│맑│구│나│.│

6 │고│구│마│를│　│삶│았│다│.│

7 │사│탕│을│　│핥│았│어│요│.│

8 │표│정│이│　│좋│지│　│않│다│.│

9 │끓│는│　│물│을│　│조│심│해│.│

10 │신│발│이│　│다│　│닳│았│다│.│

♨어려운 글자나 틀린 글자를 연습해요.

♨어려운 글자나 틀린 글자를 연습해요.

76쪽 77쪽

17 ㅢ가 들어간 말

80쪽 81쪽

✍ 쓰기

너희	너희 너희
무늬	무늬 무늬
의사	의사 의사
흰색	흰색 흰색
씌우다	씌우다 씌우다
희망	희망 희망

+ 낱말

회의, 의자, 주의, 띄어쓰기, 흰토끼, 희미하다, 예의, 의미

바른 낱말을 골라 ✔표를 하세요.

1 (　　) 집은 어디니?　　　　□ 너히　　☑ 너희

2 나비의 날개 (　　)가 곱다.　　□ 무니　☑ 무늬

3 나는 (　　)가 되고 싶어요.　　☑ 의사　□ 이사

4 (　　) 물감으로 구름을 그린다.　□ 힌색　☑ 흰색

5 환자에게 마스크를 (　　).　　☑ 씌우다　□ 씨우다

6 어린이들에게 꿈과 (　　)을 주자.　□ 히망　☑ 희망

7 내일 가족 (　　)가 있다.　　□ 회이　☑ 회의

8 아이가 (　　)에 앉았어요.　　☑ 의자　□ 이자

9 선생님께 (　　)를 들었다.　　☑ 주의　□ 주이

10 이 글은 (　　)가 엉망이다.　　□ 띠어쓰기　☑ 띄어쓰기

11 (　　)가 눈밭을 뛰어다닌다.　☑ 흰토끼　□ 힌토끼

12 기차 소리가 (　　) 들려요.　□ 히미하게　☑ 희미하게

82쪽 83쪽

바른 낱말을 골라 따라 쓰세요.

1 **너희는** | 너히는 사이좋은 친구구나.

| 너 | 희 | 는 | ✔ | 사 | 이 | 좋 | 은 | ✔ |
| 친 | 구 | 구 | 나 | . |

2 예쁜 **무늬가** | 무니가 있는 옷을 입어요.

| 예 | 쁜 | ✔ | 무 | 늬 | 가 | ✔ | 있 | 는 |
| 옷 | 을 | ✔ | 입 | 어 | 요 | . |

3 엄마가 아기에게 모자를 씨운다. | **씌운다.**

| 엄 | 마 | 가 | ✔ | 아 | 기 | 에 | 게 | ✔ |
| 모 | 자 | 를 | ✔ | 씌 | 운 | 다 | . |

4 선생님은 나에게 **희망을** | 히망을 주셨다.

| 선 | 생 | 님 | 은 | ✔ | 나 | 에 | 게 | ✔ |
| 희 | 망 | 을 | ✔ | 주 | 셨 | 다 | . |

그림을 보고, 바른 낱말을 골라 문장을 완성하세요.

1

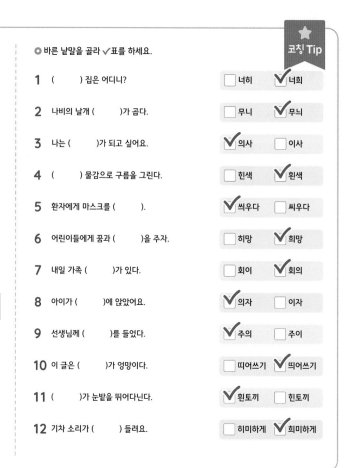

회의를　회이를　합니다.　친구들과

예시
| 친 | 구 | 들 | 과 | | 회 | 의 | 를 |
| 합 | 니 | 다 | . |

2

흰색으로　흰색으로　칠했어요.　벽을

예시
| 흰 | 색 | 으 | 로 | | 벽 | 을 | | 칠 |
| 했 | 어 | 요 | . |

18 ㅚ, ㅟ가 들어간 말

| ㅚ가 들어간 말 | ✏️ 쓰기 |

뇌 | 뇌 뇌

괴물 | 괴 물 괴 물

왼손 | 왼 손 왼 손

＋낱말
열쇠, 최고, 괴롭다, 교회, 된장, 참외

| ㅟ가 들어간 말 |

가위 | 가 위 가 위

방귀 | 방 귀 방 귀

쉼표 | 쉼 표 쉼 표

＋낱말
키위, 다람쥐, 귀신, 바퀴, 위험, 위인전

○ 바른 낱말을 골라 ✓표를 하세요.

| ㅚ가 들어간 말 |

1 ( )는 생각하고 기억하는 일을 한다. ✓뇌 ☐ 뇌

2 꿈에서 ( )이 나왔다. ☐괘물 ✓괴물

3 나는 ( )으로 글씨를 씁니다. ✓왼손 ☐웬손

4 ( )로 문을 열었어요. ✓열쇠 ☐열쇄

5 시험에서 ( ) 점수를 받았다. ☐췌고 ✓최고

| ㅟ가 들어간 말 |

6 ( )로 종이를 오렸다. ☐가이 ✓가위

7 ( )를 뿡뿡 뀌었습니다. ☐방기 ✓방귀

8 ( )는 낱말 사이에 쓴다. ✓쉼표 ☐심표

9 ( )는 새콤달콤하다. ✓키위 ☐키이

10 숲에서 ( )를 보았어요. ☐다람지 ✓다람쥐

○ 바른 낱말을 골라 따라 쓰세요.

1 커다란 괴물이 | 괘물이 나타났어요.

커 다 란 ∨ 괴 물 이 ∨ 나
타 났 어 요 .

2 왼손으로 | 웬손으로 물건을 들었다.

왼 손 으 로 ∨ 물 건 을 ∨
들 었 다 .

3 미용사가 가이로 | 가위로 머리를 잘랐다.

미 용 사 가 ∨ 가 위 로 ∨
머 리 를 ∨ 잘 랐 다 .

4 심표 | 쉼표 다음에는 조금 쉬어 읽습니다.

쉼 표 ∨ 다 음 에 는 ∨ 조
금 ∨ 쉬 어 ∨ 읽 습 니 다 .

○ 그림을 보고, 바른 낱말을 골라 문장을 완성하세요.

1

열쇄를 | 열쇠를 | 채웠어요. | 자전거에

예시 자 전 거 에 열 쇠 를
채 웠 어 요 .

2

키위를 | 키이를 | 좋아한다. | 동생은

예시 동 생 은 키 위 를 좋
아 한 다 .

84쪽
85쪽

86쪽
87쪽

127

19 ㅙ, ㅞ가 들어간 말

88쪽
89쪽

| ㅙ가 들어간 말 | ✍ 쓰기 |

왜 | 왜 | 왜

돼지 | 돼 지 | 돼 지

상쾌하다 | 상 쾌 하 다

+ 낱말

괜히, 꽹과리, 괭이, 왜가리, 인쇄, 횃불

| ㅞ가 들어간 말 |

궤짝 | 궤 짝 | 궤 짝

꿰매다 | 꿰 매 다 | 꿰 매 다

스웨터 | 스 웨 터 | 스 웨 터

+ 낱말

웬, 훼손, 웬만하면, 웨딩드레스, 궤도

○ 바른 낱말을 골라 ✔표를 하세요.

| ㅙ가 들어간 말 |

1 바닷물은 (　　) 짤까? — ✔왜　□웨

2 (　　) 저금통에 동전을 넣었다. — □되지　✔돼지

3 아침 공기가 (　　). — ✔상쾌하다　□상쾨하다

4 (　　) 심술이 나요. — □괸히　✔괜히

5 마을에 (　　) 소리가 울렸다. — ✔꽹과리　□꾕과리

| ㅞ가 들어간 말 |

6 (　　) 안에 보물이 있다. — ✔궤짝　□괘짝

7 찢어진 옷을 (　　). — □꽤매다　✔꿰매다

8 겨울에 (　　)를 입어요. — ✔스웨터　□스왜터

9 아침부터 (　　) 울음소리지? — ✔웬　□왠

10 자연을 (　　) 마세요. — □화손하지　✔훼손하지

⭐ '훼손하다'는 '헐거나 깨뜨려 못 쓰게 만들다.'라는 뜻이에요.

90쪽
91쪽

○ 바른 낱말을 골라 따라 쓰세요.

1 채소를 왜 | 웨 먹어야 할까?

채 소 를 ∨ 왜 ∨ 먹 어 야
할 까 ?

2 산속에 들어오니 기분이 상쾨하다. | 상쾌하다.

산 속 에 ∨ 들 어 오 니 ∨
기 분 이 ∨ 상 쾌 하 다 .

3 괘짝에 | 궤짝에 사과를 넣어 두었다.

궤 짝 에 ∨ 사 과 를 ∨ 넣
어 ∨ 두 었 다 .

4 구멍 난 양말을 꽤매요. | 꿰매요.

구 멍 ∨ 난 ∨ 양 말 을 ∨
꿰 매 요 .

○ 그림을 보고, 바른 낱말을 골라 문장을 완성하세요.

1

되지를　**돼지를**　키워요.　농장에서

예시 농 장 에 서 　 돼 지 를
키 워 요 .

2

스왜터를　**스웨터를**　따뜻하다.　입으면

예시 스 웨 터 를 　 입 으 면
따 뜻 하 다 .

20 4단원 평가

◎ 바른 낱말을 골라 ✓표를 하세요.

1 치과 ☐이사 ✓의사 선생님이 친절하시다.

2 선생님께 ✓주의 ☐주이 를 받았어요.

3 성냥팔이 소녀는 ☐히망 ✓희망 을 잃지 않았다.

4 등대에서 나오는 불빛이 ☐히미하다. ✓희미하다.

5 언니는 ✓왼손 ☐웬손 으로 글씨를 써요.

6 주머니에 ☐열쇄 ✓열쇠 가 없어요.

7 ✓쉼표 ☐심표 는 대답하는 말 뒤에 쓴다.

8 산에 오르니 기분이 ✓상쾌하다. ☐상퀘하다.

9 다 나은 상처를 ✓괜히 ☐괸히 건드리지 말아라.

10 봄에 ✓웬 ☐왠 눈이 내리지?

◎ 밑줄 친 낱말을 바르게 고쳐 쓰세요.

11 너히 반 선생님은 누구시니? 너 희

12 허수아비에게 밀짚모자를 씨우다. 씌 우 다

13 바른 자세로 이자에 앉아라. 의 자

14 이 만화의 주인공은 괘물이다. 괴 물

15 달리기는 내가 쵀고야! 최 고

16 아빠는 우리 집 방기 대장이에요. 방 귀

17 키이는 우리 몸에 좋은 과일이다. 키 위

18 잠이 웨 안 올까? 왜

19 바다 위에 괘짝이 떠다닌다. 궤 짝

20 실과 바늘로 옷을 꽤맸다. 꿰 맸 다

◎ 불러 주는 말을 잘 듣고 맞춤법에 맞게 받아쓰세요.

1 꽹 과 리 를 치 다 .

2 새 로 산 스 웨 터

3 산 골 짜 기 다 람 쥐

4 낡 고 오 래 된 궤 짝

5 아 기 돼 지 삼 형 제

6 흰 색 모 자 를 쓰 자 .

7 옷 의 무 늬 가 곱 다 .

8 띄 어 쓰 기 가 틀 렸 어 .

9 가 위 와 풀 이 있 다 .

10 우 리 뇌 는 척 척 박 사

✐ 어려운 글자나 틀린 글자를 연습해요.

✐ 어려운 글자나 틀린 글자를 연습해요.

1회

96쪽
97쪽

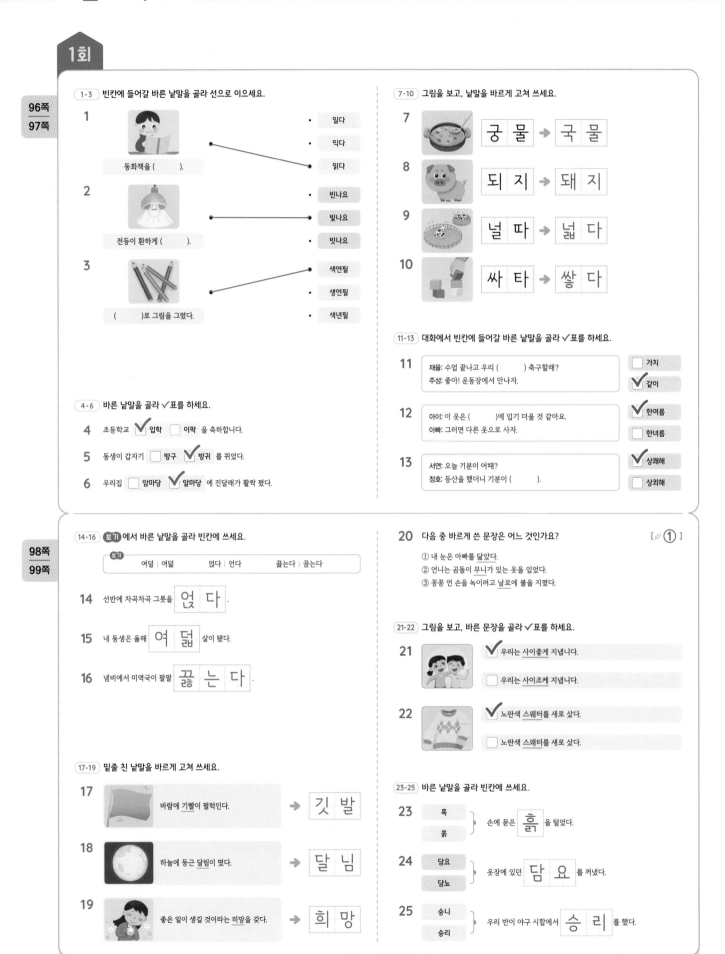

1-3 빈칸에 들어갈 바른 낱말을 골라 선으로 이으세요.

1 동화책을 ( ).
- 일다
- 익다
- 읽다

2 전등이 환하게 ( ).
- 빈나요
- 빛나요
- 빗나요

3 ( )로 그림을 그렸다.
- 색연필
- 생연필
- 색년필

4-6 바른 낱말을 골라 ✓표를 하세요.

4 초등학교 ✓입학 ☐이팍 을 축하합니다.

5 동생이 갑자기 ☐방구 ✓방귀 를 뀌었다.

6 우리집 ☐암마당 ✓앞마당 에 진달래가 활짝 폈다.

7-10 그림을 보고, 낱말을 바르게 고쳐 쓰세요.

7 궁 물 ➡ 국 물

8 되 지 ➡ 돼 지

9 널 따 ➡ 넓 다

10 싸 타 ➡ 쌓 다

11-13 대화에서 빈칸에 들어갈 바른 낱말을 골라 ✓표를 하세요.

11 재율: 수업 끝나고 우리 ( ) 축구할래?
주성: 좋아! 운동장에서 만나자.
☐ 가치
✓ 같이

12 아이: 이 옷은 ( )에 입기 더울 것 같아요.
아빠: 그러면 다른 옷으로 사자.
✓ 한여름
☐ 한녀름

13 서연: 오늘 기분이 어때?
정호: 등산을 했더니 기분이 ( ).
✓ 상쾌해
☐ 상쇠해

98쪽
99쪽

14-16 **보기** 에서 바른 낱말을 골라 빈칸에 쓰세요.

보기

여덜 | 여덟   없다 | 언다   끓는다 | 끌는다

14 선반에 차곡차곡 그릇을 언 다 .

15 내 동생은 올해 여 덟 살이 됐다.

16 냄비에서 미역국이 팔팔 끓 는 다 .

17-19 밑줄 친 낱말을 바르게 고쳐 쓰세요.

17 바람에 기빨이 펄럭인다. ➡ 깃 발

18 하늘에 둥근 달림이 떴다. ➡ 달 님

19 좋은 일이 생길 것이라는 히망을 갖다. ➡ 희 망

20 다음 중 바르게 쓴 문장은 어느 것인가요? [✐ ①]

① 내 눈은 아빠를 닮았다.
② 언니는 곰돌이 무니가 있는 옷을 입었다.
③ 꽁꽁 언 손을 녹이려고 날로 불을 지폈다.

21-22 그림을 보고, 바른 문장을 골라 ✓표를 하세요.

21
✓ 우리는 사이좋게 지냅니다.
☐ 우리는 사이조케 지냅니다.

22
✓ 노란색 스웨터를 새로 샀다.
☐ 노란색 스왜터를 새로 샀다.

23-25 바른 낱말을 골라 빈칸에 쓰세요.

23 흑 / 흙 } 손에 묻은 흙 을 털었다.

24 담요 / 담뇨 } 옷장에 있던 담 요 를 꺼냈다.

25 승니 / 승리 } 우리 반이 야구 시합에서 승 리 를 했다.

1-3 빈칸에 들어갈 바른 낱말을 골라 선으로 이으세요.

1
의자를 뒤로 ( ).

· 젓히다
· 저치다
· 젖히다

2
송곳으로 종이를 ( ).

· 뚫다
· 뚫다
· 뚫다

3
종이에 글씨를 ( ).

· 정는다
· 적는다
· 적른다

4-6 바른 낱말을 골라 ✓표를 하세요.

4 바람이 불자 ✓ **부엌문** ☐ **부억문** 이 쾅 하고 닫혔다.

5 나는 ☐ **웬손** ✓ **왼손** 으로 숟가락질을 잘한다.

6 친구가 보내 준 자료를 ✓ **낱낱이** ☐ **낱낱히** 살펴봤다.

7-10 그림을 보고, 낱말을 바르게 고쳐 쓰세요.

7 할 다 → 핥 다

8 톰 날 → 톱 날

9 맛 형 → 맏 형

10 공 뇽 → 공 룡

11-13 대화에서 빈칸에 들어갈 바른 낱말을 골라 ✓표를 하세요.

11
아현: 아까 무릎 다친 거 많이 아프니?
지성: 상처가 깊지 않아서 ( ).

☐ 괜찬아
✓ 괜찮아

12
선생님: 여러분은 커서 어떤 사람이 되고 싶나요?
학생: 저는 아픈 사람을 도와주는 ( )가 되고 싶어요.

✓ 의사
☐ 으사

13
동생: 형, 이 장난감은 ( ) 조립해야 해?
형: 내가 알려 줄 테니 같이 만들어 보자.

☐ 어떠케
✓ 어떻게

14-16 보기 에서 바른 낱말을 골라 빈칸에 쓰세요.

보기
실래화 | 실내화   해돋이 | 해도지   외가집 | 외갓집

14 교실에서는 실 내 화 를 신어요.

15 아침 일찍 일어나 해 돋 이 를 기다렸다.

16 주말에 부모님과 함께 외 갓 집 에 놀러 갔다.

17-19 밑줄 친 낱말을 바르게 고쳐 쓰세요.

17 고기를 맛있게 굼는다. → 굽 는 다

18 찢어진 옷을 바늘로 꽤매다. → 꿰 매 다

19 맛내의 키가 제일 작다. → 막 내

20 다음 중 바르게 쓴 문장은 어느 것인가요? [✐ ②]

① 이 가방은 갑이 비싸다.
② 음식을 급히 먹어서 체했다.
③ 다른 사람에게 방해되지 않게 귀속말로 속삭이다.

21-22 그림을 보고, 바른 문장을 골라 ✓표를 하세요.

21
✓ 식탁 위에 접시를 놓다.
☐ 식탁 위에 접시를 노타.

22
☐ 너무 놀라서 넉이 나갔다.
✓ 너무 놀라서 넋이 나갔다.

23-25 바른 낱말을 골라 빈칸에 쓰세요.

23
깎는다
깡는다
아버지가 사과를 깎 는 다 .

24
읊다
읃다
친구들 앞에서 직접 쓴 시를 읊 다 .

25
풀입
풀잎
초록색 풀 잎 에 노란색 나비가 앉았다.

100쪽
101쪽
102쪽
103쪽

memo

빠른 정답을 펼쳐 놓고,
정답을 확인하면 편리합니다.

완자

공부력
빠른 정답

맞춤법 바로 쓰기 1B

정답
QR 코드

빠른 정답을 펼쳐 놓고,
정답을 확인하면 편리합니다.

맞춤법 바로 쓰기 1B | 빠른 정답

01	11쪽	1 공룡 2 승리 3 음료수 4 꽃망울 5 닫는 6 빛나요 7 장래 8 대통령 9 정류장 10 겉모양 11 묻는다 12 윷놀이
	12쪽	1 승리했다. 2 음료수를 3 꽃망울을 4 빛난다.
02	15쪽	1 난로 2 한라산 3 편리한 4 달님 5 설날 6 실내화 7 분리수거 8 분류해 9 산신령 10 별나라 11 물놀이 12 칼날
	16쪽	1 달님에게 2 실내화 3 한라산 4 난로
03	19쪽	1 톱날 2 굽는다 3 입맛 4 밥물 5 앞마당 6 덮는 7 앞머리 8 앞니 9 겁나지 10 옆문 11 잡는다 12 압력솥
	20쪽	1 톱날이 2 굽는 3 앞마당에 4 겁나요.
04	23쪽	1 국물 2 막내 3 적는다 4 식물 5 부엌문 6 깎는다 7 학년 8 국민 9 묶는 10 속력 11 목련 12 백로
	24쪽	1 적는다. 2 부엌문이 3 막내가 4 속력으로
05	26-27쪽	1 공룡 2 닫는 3 승리 4 달님 5 설날 6 물놀이 7 앞니 8 밥물 9 깎는 10 국민 11 음료수 12 대통령 13 꽃망울 14 편리해요 15 난로 16 앞마당 17 굽는 18 막내 19 적느라 20 묶는다
06	33쪽	1 닿다 2 어떻게 3 사이좋게 4 놓다 5 파랗던 6 쌓지요 7 넣고 8 땋고 9 노랗게 10 좋다 11 아무렇지 12 그렇지
	34쪽	1 사이좋게 2 놓다가 3 파랗던 4 넣지
07	37쪽	1 국화 2 축하 3 맏형 4 급히 5 입학 6 젖히다 7 착한 8 막혔다 9 식혜 10 곱하기 11 잡혀요 12 맺혀
	38쪽	1 축하해요. 2 맏형이에요. 3 입학 4 잡혔어요.
08	41쪽	1 굳이 2 맏이 3 해돋이 4 턱받이 5 가을걷이 6 같이 7 낱낱이 8 붙이다 9 솥이 10 샅샅이
	42쪽	1 굳이 2 해돋이를 3 같이 4 샅샅이
09	45쪽	1 담요 2 한여름 3 색연필 4 호박엿 5 풀잎 6 알약 7 밭일 8 집안일 9 한입 10 식용유 11 지하철역 12 별일
	46쪽	1 한여름에 2 풀잎에 3 알약은 4 한입에
10	49쪽	1 깃발 2 촛불 3 귓속말 4 바닷가 5 외갓집 6 콧구멍 7 칫솔 8 고깃국 9 빗자루 10 아랫집 11 노랫소리 12 비눗방울
	50쪽	1 깃발을 2 촛불이 3 귓속말이 4 콧구멍을
11	52-53쪽	1 닿다. 2 쌓지 3 국화 4 젖혀 5 굳이 6 붙이다 7 담요 8 호박엿 9 깃발 10 콧구멍 11 어떻게 12 파랗던 13 축하 14 입학 15 맏이 16 낱낱이 17 한여름 18 알약 19 촛불 20 외갓집
12	59쪽	1 넋 2 몫 3 앉아요 4 얹다 5 앉은키 6 끼얹다 7 값 8 없다 9 가엾다
	60쪽	1 넋을 2 몫을 3 얹었어요. 4 값이
13	63쪽	1 넓다 2 얇아서 3 여덟 4 짧다 5 떫어요 6 밟았다 7 엷어요 8 핥고 9 훑어 10 개미핥기
	64쪽	1 넓은 2 얇아요. 3 짧게 4 훑었어요.
14	67쪽	1 닭 2 흙 3 읽다가 4 까닭 5 맑다 6 닮았다 7 젊은 8 삶아요 9 읊다
	68쪽	1 닭이 2 닮았어요. 3 젊은 4 읊어요.
15	71쪽	1 많아요 2 괜찮다 3 끊습니다 4 귀찮네 5 않는 6 뚫고 7 싫어 8 끓는다 9 닳아 10 앓았다
	72쪽	1 괜찮아요. 2 끊습니다. 3 뚫고 4 끓는다.
16	74-75쪽	1 몫 2 앉지 3 값 4 넓고 5 핥아 6 닭 7 닮았다. 8 읊습니다. 9 많은 10 뚫고 11 넋 12 끼얹다 13 가엾은 14 얇게 15 여덟 16 훑었어요 17 흙 18 젊고 19 괜찮냐고 20 싫지만
17	81쪽	1 너희 2 무늬 3 의사 4 흰색 5 씌우다 6 희망 7 회의 8 의자 9 주의 10 띄어쓰기 11 흰토끼 12 희미하게
	82쪽	1 너희는 2 무늬가 3 씌운다. 4 희망을
18	85쪽	1 뇌 2 괴물 3 왼손 4 열쇠 5 최고 6 가위 7 방귀 8 쉼표 9 키위 10 다람쥐
	86쪽	1 괴물이 2 왼손으로 3 가위로 4 쉼표
19	89쪽	1 왜 2 돼지 3 상쾌하다 4 괜히 5 꽹과리 6 궤짝 7 꿰매다 8 스웨터 9 웬 10 훼손하지
	90쪽	1 왜 2 상쾌하다. 3 궤짝에 4 꿰매요.
20	92-93쪽	1 의사 2 주의 3 희망 4 희미하다. 5 왼손 6 열쇠 7 쉼표 8 상쾌하다. 9 괜히 10 웬 11 너희 12 씌우다 13 의자 14 괴물 15 최고 16 방귀 17 키위 18 왜 19 궤짝 20 꿰맸다
실력 확인 1회 96-99쪽		1 읽다 2 빛나요 3 색연필 4 입학 5 방귀 6 앞마당 7 국물 8 돼지 9 넓다 10 쌓다 11 같이 12 한여름 13 상쾌해 14 얹다 15 여덟 16 끓는다 17 깃발 18 달님 19 희망 20 ① 21 우리는 사이좋게 지냅니다. 22 노란색 스웨터를 새로 샀다. 23 흙 24 담요 25 승리
실력 확인 2회 100-103쪽		1 젖히다 2 뚫다 3 적는다 4 부엌문 5 왼손 6 낱낱이 7 핥다 8 톱날 9 맏형 10 공룡 11 괜찮아 12 의사 13 어떻게 14 실내화 15 해돋이 16 외갓집 17 굽는다 18 꿰매다 19 막내 20 ② 21 식탁 위에 접시를 놓다. 22 너무 놀라서 넋이 나갔다. 23 깎는다 24 읊다 25 풀잎